लोशू-ग्रिड
(अंकों का ख़ज़ाना)

पंडित गोपाल शर्मा, बी.ई.

डॉ. सेवाराम जयपुरिया

प्रकाशक : डायमंड पॉकेट बुक्स (प्रा.) लि.
X-30, ओखला इंडस्ट्रियल एरिया, फेज-2
नई दिल्ली-110020
फोन : 011-40712100
ईमेल : sales@dpb.in
वेबसाइट : www.diamondbook.in
संस्करण : 2020

लोशू-ग्रिड (अंकों का खज़ाना)

लेखक - पंडित गोपाल शर्मा, बी.ई., डॉ. सेवाराम जयपुरिया

प्रस्तावना

परमात्मा द्वारा बनाए इस विशाल जगत में मनुष्य अपनी सूक्ष्म बुद्धि के द्वारा अपने अस्तित्व को खोजता रहता है जबकि परमात्मा ने प्रत्येक जीव को किसी विशेष प्रयोजन हेतु ही इस घरती पर उतारा है।

हमारे प्राचीन शास्त्रों में ऋषि, मुनियों ने मनुष्य के जन्म विवरण का विश्लेषण करके मनुष्य के जीवन काल, लक्ष्य, सफलता, स्वास्थ्य एवं स्वभाव के बारे में विस्तृत जानकारी दी हुई है परन्तु हमारी वर्तमान पीढ़ी के ज्यादातर लोग इस विज्ञान के गूढ़ रहस्यों से अनभिज्ञ है। कुछ धूर्त लोग शक्ति पुत्र होने का ढोंग करके इस विज्ञान द्वारा जनसाधारण को गुमराह करने में लगे हैं।

ऐसे समय में विश्व प्रसिद्ध वास्तुशास्त्री पं0 गोपाल शर्मा जी एवं प्रख्यात अंकशास्त्री एवं ज्योतिषाचार्य डा. सेवाराम जयपुरिया ने वर्षों के अनुसंधान एवं सूक्ष्म अंतर्दृष्टि द्वारा यह पुस्तक **''लोशू-ग्रिड''** लिखकर एक सराहनीय कार्य किया है।

इस पुस्तक को पढ़कर पाठक आश्चर्यचकित– होंगे कि कैसे उनके जन्मतिथि के अनुसार ही उनका–स्वभाव है एवं जीवन चक्र चल रहा है। किस अंक के होने से या किसी अंक के एक से ज्यादा होने से या किसी अंक के बिल्कुल न होने से हमारे स्वभाव व जीवन पर क्या प्रभाव या दुष्प्रभाव पड़ता है। अंकों के संयुक्त रूप से होने से सकारात्मकता एवं किन्हीं अंकों के समूह के न होने से रिक्तता को जान सकेंगे। यह वर्ष हमारे लिए तरक्की देगा, मेहनत करायेगा या धन लायेगा यह भी हम अपने व्यक्तिगत वर्ष द्वारा जान सकते हैं।

व्यापार, परिवार या समाज में किसी व्यक्ति के साथ हमारा सामंजस्य अच्छा होगा या कठिन, यह जान पायेंगे हम एक साधारण विश्लेषण तालिका द्वारा। मैं, पं. गोपाल शर्मा जी एवं डॉ. सेवाराम जयपुरिया जी को वर्षों से एक विद्वान के रूप में जानता हूँ। परन्तु इस पुस्तक में लेखक द्वय ने कछुए के ऊपर अंकित लोशू ग्रिड (लक्ष्मी यंत्र) के ऊपर अंकित चिन्हों में छिपा अंकों का खजाना इस पुस्तक में इस सरल भाषा में उपलब्ध कराकर, मेरे हृदय में विशेष स्थान अंकित कर दिया है।

मैं सत्य निष्ठा से लेखकों की भूरी–भूरी प्रशंसा करना चाहूँगा जिन्होंने मानव के मन में उठते विभिन्न सवालों का जवाब देते हुए लक्ष्मी यंत्र द्वारा अपनी जन्म तिथि को विश्लेषण कर, साथ में तुरंत प्रयोग कर सकने वाले उपायों को इस पुस्तक में समायोजित करके पाठकों के लिए एक अभूतपूर्व कार्य किया है। इस पुस्तक में उपलब्ध अपने मकान, टेलीफोन व कार के अंकों के महत्त्व की बहुमूल्य जानकारी भी समाज के सभी वर्ग जैसे विद्यार्थी, ज्योतिषी, वास्तु शास्त्री, अंक शास्त्री, व्यापारी आदि का अपना एवं दूसरों का व्यक्तित्व निखारकर जीवन सफल बनाने में सहायक सिद्ध होगी। परम पिता परमेश्वर सबका जीवन सुखमय करें।

- नरेन्द्र वर्मा

चैयरमेन-डॉयमंड पॉकेट बुक्स प्रा. लि.

पंचतत्त्व में लीन गुरूवर

डॉ. द्रोणमराजू पूर्णचंद्र राव
जन्म 15.08.1930 मोक्ष 07.04.2008

डॉ. पूर्णचंद्र राव संयुक्त राज्य अमेरिका, ऑस्ट्रेलिया, भारत, मलेशिया, थाईलैंड, दुबई, सिंगापुर, ब्राजील सहित विभिन्न देशों में मानवमात्र के लिये लाभकारी गुह्य ज्ञान का प्रचार–प्रसार करने वाले एक विलक्षण वास्तु–फेंग शुई मास्टर थे।

उन्होंने पिरामिड ऊर्जा के विषय पर विशेष शोध करने के लिए मिस्र की व्यापक यात्रा की और प्रारंभिक प्रयोगों, प्रतिक्रियाओं को इकट्ठा करने, विभिन्न प्रकार के पिरामिड असेंबली के डिजाइन में सुधार और भारत में पायरा–वास्तु नामक इस विज्ञान की स्थापना के लिए महत्वपूर्ण योगदान दिया।

उन्हें हमेशा वास्तु, फेंग–शुई, पिरामिड, अंक विज्ञान और व्यक्तिगत फेंग–शुई पर कई सर्वश्रेष्ठ बिकने वाली किताबों के लेखक, मानव जाति के लिए अपनी निःस्वार्थ सेवा तथा इच्छुक विद्वानों के बीच इस समृद्ध विरासत को खुले दिल से लुटाने के लिये सदैव याद किया जायेगा।

अपनी उम्र के अन्तिम पड़ाव में भी डॉ. पूर्णचंद्र राव ने अपन अधिकांश समय वास्तु, फेंग–शुई और न्यूमेरोलॉजी के प्रमुख विशेषज्ञों के साथ बातचीत करने व उनकी जटिल भ्रान्तियों को दूर करने मे बिताया। उनके निधन के उपरान्त, उनके सबसे विश्वसनीय प्रिय शिष्य पं. गोपाल शर्मा जी, इस अमूल्य विरासत द्वारा विश्व के कोने कोने मे जाकर, लोगों के जीवन में स्वास्थ्य, धन और खुशी फेलाने के, उनके अधूरे मिशन को सफलतापूर्वक आगे बढ़ा रहे हैं।

डॉ. सेवाराम जयपुरिया, प्रधानाचार्य
इन्स्टिट्यूट ऑफ वास्तु एंड जॉयफुल लिविंग

पं. गोपाल शर्मा - एक परिचय

वैदिक विद्वानों तथा आध्यात्मिक चिकित्सकों के नामी परिवार में जन्मे वास्तु विशेषज्ञ एवं ज्योतिषाचार्य, पं. गोपाल शर्मा 1968 में ब्रह्मलीन निरंजन पीठाधीश्वर आचार्य महामण्डलेश्वर यतीन्द्र स्वामी कृष्णानन्द गिरि जी महाराज द्वारा आध्यात्मिक तथा पारलौकिक कार्यक्षत्रों में दीक्षित किये गये। 1968 से 1973 तक देहली कालेज ऑफ इंजीनियरिंग में अपने पांच वर्ष के अध्ययन के दौरान पं0 गोपाल शर्मा की रूचि वेदान्त, हस्तरेखा शास्त्र तथा ज्योतिष की ओर हुई।

ये सब गुह्य–ज्ञान मुखर हुए उनकी गहन विचारशीलता, अध्ययन, अनुसंधान कार्य तथा बड़े–बड़े सिद्धजनों तथा सन्तों के आशीर्वाद से जो उनको देश के अनेक भागों में विस्तृत भ्रमण के दौरान प्राप्त हुए। आईशर ग्रुप कंपनियों के विकास अभियन्ता व पंजाब नेशनल बैंक के तकनीकी–अर्थशास्त्र के सलाहकार के रूप में पं0 गोपाल शर्मा के अनूठे तथा कल्पनाशील योगदान को आज भी सराहा जाता है। आपने

कई नये व्यवसायों की स्थापना एवं अनेक व्यवसायों के पुनरूत्थान मे अभूतपूर्व योगदान दिया।

आम आदमी के जीवन को सुखी बनाने के लिए आपने विश्व के विभिन्न भागों में संगोष्ठियां की एवं समाचार–पत्रों, अनेक पत्रिकाओं मे अनेकों अद्‌भुत लाभदायक लेख छपवाये। पं0 गोपाल शर्मा जी द्वार विभिन्न गोष्ठियों में अनगिनित व्याख्यान मालायें नियोजित की गई एव अनुसंधानीय लेखों द्वारा ज्योतिष, वास्तु शास्त्र, फैंगशुई, अंकविज्ञान व पिरामिड शक्ति पर 42 पुस्तकें विश्व की कई भाषाओं में छपी। भारत के सरकारी व गैर सरकारी रेडियो व टेलीविज़न सहित दुबई, ऑस्ट्रेलिया व अमेरिका, कनाडा में भी समय–समय पर पंडित जी का साक्षात्कार होता रहता है।

पं. गोपाल शर्मा जी ने यूपी सरकार को भी पूरे ट्रोनिका सिटी की योजना बनाने के लिए अभूतपूर्व परामर्श दिया, जिसके परिणाम स्वरूप 1600 एकड की इस आवासीय एवं सह औद्योगिक परिकल्पना एक अभूतपूर्व सफलता साबित हुई। राज्य के सभी प्रमुख मंदिरों के बारे मे शोध करने के लिए उनकी सेवाओं का उपयोग उड़ीसा के पूर्व मुख्यमंत्री द्वारा भी किया गया था।

इसके अतिरिक्त आप कई कम्पनियों, आध्यात्मिक संस्थाओं, शैक्षणिक परिषदों, वित्तीय विनियोगों तथा व्यापारिक घरानों के प्रतिष्ठित निदेशक/सलाहकार हैं। अनगिनत विशिष्ट व्यापारिक समूहों में से कुछ है–हेलमैन–जर्मनी, बिरला, यूनाइटेड शिपर्स–दुबई, थापर्स, जिंदल, सूर्या, प्रकाश पाइप्स, एक्शन ग्रुप, लूथरा एण्ड लूथरा लॉ फर्म, पास्को

ऑटोमोबाइल्स, स्लीपवेल, स्विस ऑटो, साहनी टायर्स—कुवैत, गौतम एंड गौतम आर्किटेक्ट्स, संयुक्त अरब अमीरात में रॉयल फैमिलीज के सदस्य, दीपक फर्टिलाइजर एंड केमिकल्स—मुबंई, बाराजा और सैसी—स्पून चेन ऑफ रेस्टोरेंट्स, चॉइस ग्रुप—न्यूयार्क, पिरामल ग्रुप—मुबंई, रोहित बल ग्रुप ऑफ इंडस्ट्रीज, मैरियट होटल—यूएसए, अंसल, न्यू जायसवाल—नागपुर, एवीजी लॉजिस्टिक लिमिटेड, नैनीक ग्रुप—नागपुर, पतंजलि योगपीठ और कई प्रमुख रॉष्ट्रीयकृत बैंक।

अखिल भारतीय ज्योतिष संस्था संघ (रजि0) जिसके 103 केन्द्र हैं। के उपाध्यक्ष होने के साथ—साथ आप इंस्टीट्यूट ऑफ वास्तु एण्ड जॉयफुल लिविंग के संस्थापक अध्यक्ष एवं देश की प्रमुख एनजीओ आदि शंकराचार्य वैदिक एजूकेशन सोसाइटी के उपाध्यक्ष के रूप में अनेक वर्षों से मानव—कल्याण कार्यों से जुडे हुए हैं। आम जनता के लिए भवन—विज्ञान की इस कला के स्वार्थरहित विकास के लिए उन्हें देश—विदेश में अनेक पदकों और पुरस्कारों से भी सम्मानित किया गया है।

''भारत निर्माण'' द्वारा आपको संस्था के सर्वोच्च सम्मान 'भास्कर अवार्ड', निहासनी द्वारा सर्वश्रेष्ठ जूरी (वास्तु) के लिये राष्ट्रीय पुरस्कार तथा अन्तर्राष्ट्रीय ज्योतिष सम्मेलन— कोलम्बो में आपको डॉक्टर ऑफ वास्तु विज्ञान की उपाधि से अंलकृत किया गया है।

कुछ अन्य विशिष्ट उपलब्धियाँ हैं हुडको द्वारा ''दि रिसर्च ऑफ वैदिक कल्चर'' एवं सर गंगा राम अस्तपताल द्वारा ''आत्मज्योति'' पुरस्कार एवम् जम्मू विश्वविद्यालय के प्रांगण में ''महर्षि शौनक'' पुरस्कार तथा इस्कॉन द्वारा मिलेनियम वास्तु शास्त्री अवार्ड।

आजकल आप विश्व के अनेक देशों के विभिन्न वर्गों को आध्यात्मिक, ज्योतिषीय, वास्तु एवं फैंगशुई द्वारा परामर्श व प्रशिक्षण दे रहे हैं, जिनमें प्रमुख है– सिंगापुर, दुबई, बिट्रेन, मलेशिया, कनाडा, अमेरिका, स्वीडन, दक्षिण अफ्रीका, सेशेल्स, श्रीलंका, नेपाल, जापान, इथोपिया लेबनान, नाइजीरिया, तंजानिया, वियतनाम, ऑस्ट्रेलिया, कुवैत, संयुक्त अरब अमीरात, ओमान, मॉरीशस, ग्रीस, फ्रांस, जाम्बिया व बोत्सवाना।

प्राचार्य सेवाराम जयपुरिया

रत्नों एवं ज्योतिष के प्रकाण्ड विद्वान डॉ. सेवाराम जयपुरिया ने आज देश के ख्यातिप्राप्त चुनिंदा रत्न विशेषज्ञों की श्रेणी में अपना विशिष्ट स्थान एवं पहचान बनाई है। बाल्यावस्था से मेधावी जयपुरिया जी को रत्नों के प्रति विशेष आकर्षण था वे रत्नों के विषयों में जानकारी प्राप्त करते रहते थे। कहावत है कि गंध एवं विद्वता छुपाए नहीं छुपती।

04 अक्टूबर, 1984 को मुम्बई में रत्न आभूषण निर्यात संवर्धन परिषद्, वाणिज्य मंत्रालय भारत सरकार द्वारा संचालित इंडियन डॉयमण्ड इंस्टीट्यूट सूरत (गुजरात) में प्रथम स्थान प्राप्त करने पर सेवाराम जयपुरिया को प्रसिद्ध अभिनेत्री एवं सांसद श्रीमती वैजयन्ती माला बाली द्वारा राष्ट्रीय पुरस्कार प्रदान किया गया। इससे पूर्व रत्न शिल्पी एवं प्रशिक्षण महाविद्यालय जयपुर से प्रथम श्रेणी में डिप्लोमा प्राप्त किया था। भारतीय रत्न विज्ञान संस्थान दिल्ली से भी रत्न–विज्ञान में डिप्लोमा प्राप्त किया। आपने इंडियन कांउसिल ऑफ एस्ट्रोलोजीकल साइंसिस मद्रास, दिल्ली चैप्टर से ज्योतिष में पोस्ट विशारद की शिक्षा ग्रहण की।

तत्पश्चात श्री लाल बहादुर शास्त्री राष्ट्रीय संस्कृत विद्यापीठ के विभिन्न सोलह पाठ्यक्रमों जैसे कि ज्योतिशास्त्र में रोग विचार, ग्रह दोष कारण और निवारण, मुहुर्त शास्त्र, मंत्र शास्त्र, लघु–पराशरी, मध्य–पराशरी एवम् वास्तुशास्त्र में, पी.जी. डिप्लोमा प्राप्त किया।

सन् 2008 में मीडिया ट्रस्ट ऑफ इंडिया द्वारा श्री श्री रविशंकर जी के कर कमलों से ज्योतिष शास्त्र में शोध कार्यों के लिए आपको ''मास्टर ऑफ विज़डम'' की उपाधि से सम्मानित किया गया। अंतर्राष्ट्रीय ज्योतिष एवं अध्यात्मिक संघ कोलम्बो (श्रीलंका) द्वारा आपको ''डॉक्टर ऑफ ज्योतिष विज्ञान'' की उपाधि से अलंकृत किया गया। जन–साधारण के लाभार्थ डॉ. सेवाराम जयपुरिया के राष्ट्रीय स्तर के अनेक समाचार पत्रों व पत्रिकाओं में रत्नों एवं ज्योतिष पर शोधपूर्ण लेख समय–समय पर प्रकाशित होते रहते हैं।

2011–12 में आपने चेन्नई स्थित के.पी. स्टैलर एस्ट्रोलोजिकल रिसर्च इन्स्टिट्यूट से कृष्णामूर्ति पद्धति पर आधारित पाठ्यक्रम श्री के. हरिहरन जी के सान्निध्य में किया एवं वास्तु आरोग्यम् द्वारा जियोपैथिक स्ट्रेस एवं डाऊसिंग का ज्ञान प्राप्त किया तथा इसके प्रयोग द्वारा अनेक लोग लाभान्वित हो रहे हैं। नाड़ी ज्योतिष (ताड़पत्रवाली) व कसपल इन्टरलिंक सिद्धांत का ज्ञान प्राप्त किया।

वर्तमान समय में आप ''इंस्टीट्यूट ऑफ वास्तु एवं जॉयफुल लिविंग'' में प्रधानाचार्य पद पर कार्यरत हैं। आप इंस्टीट्यूट द्वारा आयोजित विभिन्न पाठ्यक्रमों में विद्यार्थियों को शिक्षा प्रदान करते हैं एवम् अखिल भारतीय ज्योतिष संस्था संघ के परीक्षा नियंत्रक कमेटी के सदस्य हैं व चैप्टर पांच के चेयरमेन है। आपको अखिल भारतीय ज्योतिष संस्था संघ द्वारा आचार्य प्राचार्य एवं ''ज्योतिष महर्षि पराशर'' की उपाधि से सम्मानित किया गया है। आपके इस सर्वश्रेष्ठ योगदान से रत्न–विज्ञान, ज्योतिष, वास्तु विधाओं में उत्तरोत्तर प्रगति हो तथा आप नित–नए कीर्तिमान स्थापित करें।

वर्तमान समय में पास्ट लाइफ रिग्रेशन के कार्यों को कर रहे हैं तथा जन्मपत्रिका के आधार पर पूर्व जन्मों के कार्यों की भूल सुधार पर विशेष कार्यों को कर रहे है। आशीर्वाद या शाप हमें कैसे प्रभावित करते इस विषय पर खोज जारी है।

स्नेहमय आभार

मां वीणावादिनी का वरदहस्त तथा विश्व के कोने–कोने से भेजे गये इष्ट मित्रों, प्रशंसकों एवं प्रबुद्ध पाठकों के असंख्य पत्र इस पुस्तक को लिखने की प्रेरणा देते रहे, वहीं परम श्रद्धेय गुरूवर डॉ द्रोणमराजू पूर्णचन्द्र राव द्वारा अनेक मौलिक अनुभूत प्रयोगों की जानकारी तथा विस्तृत ज्ञान का संकलन भी इस पुस्तक की प्रस्तुति में सहायक रहा।

इसके अतिरिक्त मैं अनुग्रहित हूँ आदिशंकराचार्य वैदिक ऐजुकेशन सोसायटी के अध्यक्ष श्री गगन अग्रवाल जी का, जिन्होंने सदैव हमारे हर कार्य को सहयोग व प्रोत्साहन दिया।

साथ ही मैं हार्दिक धन्यवाद प्रकट करता हूं इस पुस्तक के प्रारम्भ से पूर्ण होने तक प्रेमपूर्ण सहयोग के लिए अपनी अर्धांगनी श्रीमती लक्ष्मी शर्मा का, जिनके निःस्वार्थ समर्पण के बिना इस जीवन की समस्त उपलब्धियां असंभव थी।

अंत में आभार प्रकट करता हूँ श्री नरेन्द्र वर्मा जी, चैयरमेन डायमंड पॉकेट बुक्स एवं समस्त साथियों का जिनके अनन्त उत्साह एवं लगन के बिना यह पुस्तक इस रूप में पाठकों के समक्ष नहीं पहुँच पाती।

बार–बार किसी भी पुस्तक का प्रकाशित होना निश्चय ही लेखक के लिए हर्ष का विषय होता है। इसके लिए मैं अपने सभी पाठकों का हृदय से साधुवाद देता हुआ उनके सार्थक सुझावों की अपेक्षा रखता हूँ जिससे यह जीवन उपयोगी पुस्तकों के लेखन की दिशा में सदैव गतिशील रह सके।

– पंडित गोपाल शर्मा

परिचय

लगभग 4000 वर्ष पहले, चीन के पाँच पौराणिक राजाओं में प्रथम हसिया के वू पीली नदी (हवांगहो नदी) के किनारे विचारमग्न मुद्रा में बैठे हुए थे। वह उस बाढ़ को रोकने की विधि खोज रहे थे जो बार–बार अपने प्रकोप से नदी के किनारे बसी बस्तियों को तबाह कर देती थी।

अपने इसी प्रयास के दौरान वू को समुद्री कछुए का एक कवच मिला। उन दिनों समुद्री कछुए का कवच मिलना बहुत अच्छा शकुन माना जाता था। क्योंकि चीनी लोगों का विश्वास था कि कछुए के कवच के अन्दर स्वयं भगवान निवास करते हैं। वू ने देखा कि उस कवच पर कुछ सफेद व काले बिंदु एक विशिष्ट क्रम में अंकित हैं। वू और उसके सहयोगियों ने देखा कि यह 3 गुणा 3 अंकों का एक पूर्ण वर्ग बनता है। यह वर्ग ही चमत्कारिक भारतीय लक्ष्मी यंत्र के नाम से जाना जाता है। इस वर्ग की एक विशेषता यह थी कि इसकी प्रत्येक उर्ध्वाधर, क्षितिज और विकर्णीय रेखा के अंकों को जोड़ने पर योग 15 आता है। जबकि 15 दिन का अन्तर ही पूर्ण चन्द्रमा तथा नए चन्द्रमा के बीच होता है। प्राचीन काल में चीन में अंक 5 को शुभ अंक माना जाता था तथा 5 ही इस चमत्कारी वर्ग के मध्य में स्थित है। अतः वू और उसके सहयोगी इस, खोज से अत्यन्त उत्साहित हुए एवं मनुष्य के व्यक्त्वि व जीवन शैली का उस की जन्मतिथि अनुसार प्रभाव इस यंत्र के माध्यम से विश्लेषण कर मानव मात्र को एक उपयोगी उपहार दिया।

वू को राजा इसी कारण बनाया गया था क्योंकि उसने विनाशकारी बाढ़ से बचने का मार्ग ढूंढ लिया था। परन्तु वास्तव में चमत्कारी कछुए का कवच ढूंढने के कारण ही उसे प्रसिद्धि प्राप्त हुई। वस्तुतरू इस खोज के बाद ही आई चिंग, फेंग शुई, नव ग्रह 'की', चीनी ज्योतिष अंकशास्त्र तथा त्रिग्राम चिकित्सा का उद्‌भव हुआ।

लगभग इसी काल में विश्व के अन्य क्षेत्रों में भी स्वतन्त्र रूप से अंकशास्त्र का विकास हुआ। समय बीतने के साथ–साथ विभिन्न विद्वानों ने जिनमें पाइथागोरस भी शामिल हैं अंकशास्त्र को आधुनिक रूप प्रदान किया तथा इसे अधिक व्यावहारिक बनाया। धीरे–धीरे इसी पद्धति पर चीनी अंकशास्त्र का विकास हुआ।

विश्व के अन्य भागों की अपेक्षा चीनी अंकशास्त्र को दक्षिण–पूर्व एशिया में अधिक मान्यता प्राप्त है। इसका श्रेय जाता है। आस्ट्रेलिया की सुश्री हैती टेम्पलटन को जिन्होंने लोगों को चीनी अंकशास्त्र के बारे में बताया, विभिन्न मंचों से व्याख्यान दिए तथा रेडियो द्वारा ऑस्ट्रेलिया, सिंगापुर तथा मलेशिया आदि स्थानों पर लोगों को शिक्षित किया।

हमें 1998 में सिंगापुर यात्रा.के समय सर्वप्रथम चीनी अंकशास्त्र के बारे में जानने का अवसर मिला। इस पद्धति की विशेषताएँ तथा अचूकता हमारे लिए आश्चर्य का विषय थीं। हम स्वयं को अंकशास्त्र का बड़ा अच्छा ज्ञाता मानते थे, परंतु सिंगापुर के अंकशास्त्रियों द्वारा प्रयोग की जाने वाली विधियों से पूर्णतः अनभिज्ञ थे। उसी समय से हम चीनी अंकशास्त्र के बारे में अधिक से अधिक जानकारी प्राप्त करने का प्रयत्न कर रहे हैं।

पारम्परिक चीनी अंकशास्त्र आज भी एशिया के विभिन्न हिस्सों में प्रयोग किया जाता है, अतः हमने भी इस पद्धति के मूल को समझने का प्रयास किया है। इस पुस्तक मे हमने चमत्कारी लक्ष्मी यत्र तथा त्रिग्राम चिकित्सा जो कि पा कुआ की आठ जीवन आकांशाओं पर आधारित है, को आधार बनाकर चीनी अंकशास्त्र को समझने का प्रयास किया है। सन् 2001 में अमरीका तथा यूरोप की यात्राओं के दौरान हमने देखा कि वहां पर भी यह पद्धति प्रचलित है। एक बार जब आप चीनी अंकशास्त्र को अच्छी तरह से समझ लेंगे तब आपके लिए चीन की पारम्परिक अंक पद्धतियों तथा 'की' अंक पद्धति को समझना सरल हो जाएगा।

व्यावहारिक रूप में हमने यह देखा है कि चीनी अंकशास्त्र सामान्य जीवन में अत्यंत महत्वपूर्ण है। इस पद्धति के द्वारा हम किसी भी व्यक्ति की सिर्फ जन्मतिथि जानकर ही बड़ी सरलता और शीघ्रता से उसके संपूर्ण व्यक्तित्व को समझ लेते हैं। एक बार जब एक सेमिनार में हम चीनी अंकशास्त्र द्वारा गणना कर रहे थे तो लोगों ने इस पद्धति की शीघ्रता तथा अचूकता पर आश्चर्य प्रकट किया। क्योंकि अधिकांश भविष्यवाणी पद्धतियों में अधिक आंकड़ों की आवश्यकता होती है तथा ये किसी व्यक्ति के बारे में विस्तृत जानकारी देने में काफी समय लगाती हैं।

हमारे पिछले कई दशकों ''लो शू ग्रिड'' के विभिन्न प्रकार के अंकशास्त्रों तथा ज्योतिष शास्त्रों के अनुभव के आधार पर हम कह सकते हैं कि चमत्कारी लक्ष्मी यंत्र पर आधारित यह अंकशास्त्र जितनी अधिक सरलता से तथा जितनी विस्तृत जानकारी किसी व्यक्ति के बारे में दे सकता है, अन्य कोई पद्धति नहीं। इस चमत्कारी पद्धति के द्वारा कोई भी व्यक्ति अपने चार्ट में अनुपस्थित अंकों के हानिकारक प्रभाव को दूर करने के उपाय भी जान सकता है। हमें पूर्ण विश्वास है कि पाठकगण इस चमत्कारी विद्या के द्वारा अपने दैनिक जीवन में तथा विभिन्न प्रकार के व्यक्तियों से पारिवारिक तथा घरेलू सम्बन्ध बनाते समय लाभान्वित होंगे। इस पुस्तक में दिए गए त्रिग्रामों की सहायता से पाठकगण अपनी वांछित आकांशा के भाग्य में वृद्धि कर सकते हैं। वास्तु विशेषज्ञ, फैंग शुई सलाहकार एवं आंतरिक साज सज्जा विशेषज्ञ इस यंत्र को प्रयोग कर अपने ग्राहकों के जीवन में सुख की वृद्धि कर सकते हैं। इस यंत्र का जानकार व्यवसायी, महिलाएँ व छात्र अपना व्यक्तित्व निखार कर समाज में मान प्राप्त कर सकते हैं।

विषय सूची

1

लक्ष्मी यंत्र विज्ञान

चमत्कारिक लक्ष्मी यंत्र जन्म तिथि में उपस्थित या अनुपस्थित अंको की संख्याओं का विज्ञान है। यह चरित्र विश्लेषण की एक ऐसी विधा है जोकि जातक के नाम एवं जन्म तिथि में समाविष्ट अंकों का प्रयोग कर, 'मैं कौन हूँ?'' - आदि प्रश्नों का उत्तर खोजने में मदद करती है।

अंक विज्ञान का व्यावहारिक प्रयोग मनुष्य की गूढ़ प्रकृति, जीवन-लक्ष्य, चातुर्य, विशिष्ट गुण, सुअवसरों व बाधाओं को जानने हेतु किया जा सकता है। यह जीवन के उतार-चढ़ाव का परिज्ञान व जीवन-वृत्ति, रोमांस व सौभाग्य का मार्गदर्शन भी प्रदान करती है। संक्षेप में अंकशास्त्र एक आत्म-सहायता का एक उपयुक्त निमित है जोकि अपनी अंत:स्थ एवं वास्तविक प्रकृति का विपुल परिज्ञान प्रस्तुत करता है। दस सहस्र वर्ष पूर्व की यूनानी, चीन, रोम और मिश्र की प्राचीन सभ्यताओं द्वारा अंकशास्त्र के प्रयोग के लिखित प्रमाण उपलब्ध हैं।

अंकशास्त्र इस विश्वास पर आधृत है कि व्यक्ति स्वयं आत्म निर्णयाधीन जीवन में प्रवेश करता है - नियत समय पर नियत स्थिति में, जोकि उसे चेतना-विकास का अवसर प्रदान करता है। इसके अतिरिक्त अंकशास्त्र हमें स्वयं को व अपने बुद्धि चातुर्य को जानने व अपने गुणों को उपयुक्त रूप में सुलभ राह को पहचानने का अवसर भी देता है। अंकशास्त्री प्राय: 1 से 9 तक की संख्याओं और विशिष्ट संख्याओं 11, 22 एवं 33 का अध्ययन करते हैं। एक साथ इन संख्याओं के अभिप्राय को विस्तार से विश्लेषण करके व्यक्ति के जीवन पथ के बारे में जाना जाता है।

लक्ष्मी यंत्र के व्यवहारिक लाभ

लक्ष्मी यंत्र प्राचीन समय से एक आत्म निरीक्षण का साधन है यह मानव चरित्र तथा व्यक्तित्व के पक्षो को ऐसी पद्धति से उजागर करता है जो तनिक लीक से हटकर किंतु प्रमाणिक एवं प्रेरणाजनक है। यह यंत्र स्वयं पर दृष्टिपात करने की नवीन व उत्कृष्ट स्थिति प्रदान करता है, जोकि शेष आत्म–सहायता पद्धतियों की तुलना में बेहतर स्वरूप व अंतर उपलब्ध करती है। यह आत्मज्ञान, सफलता व स्वच्छंदता की कुन्जिका है क्योंकि अपने गुण–दोषों का पूर्वज्ञान जातक के जीवन के प्रत्येक पहलू में सहायक होता है।

यह पद्धति जीवन–चक्र, अवसर व चुनौतियों के विषय में अनुभवातीत परिज्ञान प्रस्तुत करता है। इस विषय में लक्ष्मी यंत्र जीवन का वृहद् स्वरूप प्रस्तुत करता है और भविष्य के लिए कटिबद्ध होने में सहायता करता है। यह व्यक्ति के गुणों के विकास तथा दोषों पर नियंत्रण में भी सहायक होता है।

चमत्कारिक लक्ष्मी यंत्र

कछुए की पीठ पर अंकित चमत्कारिक वर्गाकार जिस चित्र को लोशू ग्रिड का नाम दिया गया, वह शुद्ध 3 x 3 का जादुई वर्ग था। इसमें अंकों का जोड़ कर्णवत् पड़े बल से और खड़े बल से 15 होता है। दक्षिण-पूर्वी देशों में आज भी अंकशास्त्र का अभ्यास मूल लोशूग्रिड के माध्यम से किया जाता है। व्यक्ति की पूर्ण जन्मतिथि की संख्याएँ लोशूग्रिड वर्ग में कैसे लिखी जाती है इसका प्रदर्शन निम्न चित्र में किया गया है।

जिस प्रकार यह असंभव है कि जातक के चार्ट के प्रत्येक कोष्ठक में कोई अंक हो, उसी प्रकार पूर्णतः रिक्त चार्ट भी असंभव है। रिक्त चार्ट उन आत्माओं की प्रतीक्षा में है जिन्होंने अभी जन्म लेना है क्योंकि शिशु के जन्म पर ही चार्ट का प्रादुर्भाव होता है।

हम निम्न उदाहरणों द्वारा पूर्ण लक्ष्मी यंत्र चार्ट को समझने का प्रयत्न करेंगे। 12-7-1973 का जन्मे व्यक्ति का चार्ट चित्र के अनुसार होगा। जुलाई मास का 7 तथा वर्ष का 7 हम मध्यपंक्ति के दाएँ वर्ग में लिखेंगे। क्योंकि 7 के अंक के लिए यही कोष्ठक निश्चित है। तिथि का 1 और वर्ष 1 का नीचे की पंक्ति के मध्य वर्ग में लिखा जाएगा। तिथि का 2 ऊपरी पंक्ति के दाएँ वर्ग में जाएगा जबकि वर्ष का 9 इसी पंक्ति के मध्य वर्ग में अंकित होगा। वर्ष का 3 मध्य पंक्ति के बाएँ वर्ग में लिखा जाएगा।

	9	2
3		77
	11	

44	99	22
	1	

इसको बेहतर समझने के लिए एक और उदाहरण लें। इस बार हम एक महिला की जन्मतिथि लेंगे जो 29-2-1944 में जन्मी है। तिथि का 2 और मास का 2 दोनों ऊपरी पंक्ति के दाएँ वर्ग में लिखे जाएँगे। तिथि का 9 और वर्ष का 9 दोनों इसी पंक्ति के मध्य वर्ग में आएँगे और वर्ष के दोनों 4 बाएँ वर्ग में अंकित होंगे। बचा वर्ष का 1, यह नीचे वाली पंक्ति के मध्य वर्ग में लिखा जाएगा।

आइए एक और दृष्टांत लें। 27-5-1988 को जन्मे व्यक्ति का चार्ट निम्न चित्र के अनुसार होगा।

	9	2
	5	7
88	1	

बीसवीं सदी में जन्मे सब व्यक्तियों के चार्ट में कम-से-कम एक 1 और एक 9 होगा, किंतु अन्य अंकों के प्रसंख्य सम्मिश्रण संभव है। इक्कीसवीं सदी में जन्मे प्रत्येक व्यक्ति के चार्ट में कम-से-कम एक 2 की संख्या अवश्य होगी। चार्ट को विभिन्न प्रकार से निरुपित किया जा सकता है। ऊपरी पंक्ति (जिसमें अंक 4, 9 और 2 सन्निहित हैं) जातक की मानसिक क्षमता को दर्शाती है। मध्य पंक्ति (अंक 3, 5 और 7) भावनात्मक क्षमता को दर्शाती है, जबकि निम्न पंक्ति (8, 1 और 6) जातक की व्यवहारिक क्षमताओं को दर्शाती है।

तद्नुसार ऊपरी पंक्ति मानसिक क्षेत्र का प्रतिनिधित्व करती है और विचार, क्रिया, कल्पना और विश्लेषण की परिचायक है।

मध्य पंक्ति भावनात्मक स्तर का प्रतिनिधित्व करती है क्योंकि अंत:करण काया के भीतर रहता है। यह स्तर अध्यात्म, भावनाओं, चेतना और अंतर्ज्ञान का परिचायक है। नीचे की पंक्ति, व्यावहारिक स्तर का प्रतिनिधित्व करती है। यह परिश्रम, हस्तकौशल और दैनिक जीवन में व्यवहार की परिचायक है सिर और टाँगों की उपमा का फिर से प्रयोग करते हुए हम कहेंगे कि पाँव व्यावहारिक स्तर पर दृढ़तापूर्वक स्थिर हैं।

इसी प्रकार से खड़े बल की पंक्तियों की व्याख्या भी की गई हैं इनमें प्रथम (4, 3 और 8) वैचारिक स्तर है। यह व्यक्ति के उस चातुर्य को उजागर करती है जिसके द्वारा विचारों की उत्पत्ति होती है, रचनात्मक कार्यों को अंजाम दिया जाता है और विचारों को तथ्यात्मक रूप दिया जात है। मध्य पंक्ति (9, 5 और 1) संकल्प स्तर है जो व्यक्ति को दृढ़निश्चय व सफलता के लिए प्रेरणा प्रदान करता है।

अंतिम पंक्ति (अंक 2, 7 और 6) क्रिया स्तर है जो व्यक्ति के उस सामर्थ्य का परिचायक है। जिसके द्वारा विचारों को क्रियात्मक रूप दिया जाता है।

खड़े बल की तीनों पंक्तियाँ क्रमिक विकास की प्रतीक है। सर्वप्रथम व्यक्ति को किसी भी कार्य के लिए परियोजना बनानी पड़ती है (वैचारिक स्तर पर)। उसे दृढ़ निश्चय और प्रेरणा की आवश्यकता भी होती है अन्यथा योजना कल्पना तक ही सीमित रह जाएगी। इसी स्तर पर उपायों का प्रयोजन किया जाता है। अंत में व्यक्ति को उस कल्पना को दृढ़ निश्चयपूर्वक साकार रूप देना पड़ता है।

2

अंकतत्व
दिशा सम्बन्ध

पाकुआ के अनुरूप लक्ष्मी यंत्र पर समग्र रूप में दृष्टि डालने पर हम देख सकते हैं कि प्रत्येक अंक एक विशेष दिशा, तत्व, महत्त्व व संबंधों का प्रतिनिधित्व करता है, और जीवन के विभिन्न लक्ष्यों क प्रतीक है जोकि निम्नलिखित हैं –

अंक 1: जीवन–यापन के पूर्वेक्षण (परोस्पेक्टस्) उत्तर दिशा, जल तत्त्व एवं योजना बनाने को निर्दिष्ट करता है।

अंक 2: प्रणय सम्बंध, पृथ्वी तत्व, स्थिरता,दक्षिण–पश्चिम दिश एवं कार्य शुरू करने की क्षमता को निर्दिष्ट करता है।

अंक 3: पारिवारिक संबंधों, आत्मविश्वास, स्वास्थ्य, काष्ठतत्व पूर्व दिशा एवं विकास को निर्दिष्ट करता है।

अंक 4: संचित धन, समृद्धि, दक्षिण–पूर्व दिशा, काष्ठतत्व औ विकास को निर्दिष्ट करता है।

अंक 5: पाकुआ का मध्य भाग, पृथ्वी तत्व एवं योजना बनाने की क्षमता को निर्दिष्ट करता है।

अंक 6: सलाहकार, सहायक लोग, मित्रगण, धातु तत्व, उत्तर पश्चिम दिशा, विदेशों के साथ संविदा एवं नवीन अवसरो को निर्दिष्ट करता है।

अंक 7: मानसिक शांति, संतान, रचनात्मक तत्व, धातु तत्व एव पश्चिम दिशा को निर्दिष्ट करता है।

अंक 8: ज्ञान, शिक्षा, स्मरण शक्ति उत्तर–पूर्व दिशा एवं पृथ्वी तत्व को निर्दिष्ट करता है।

अंक 9: प्रामाणिकता, प्रसिद्धि, शक्ति, अग्नितत्व और दक्षिण दिशा को निर्दिष्ट करता है।

3

जन्मतिथि में उपस्थित अंकों का प्रभाव

लक्ष्मी तंत्र तालिका के प्रत्येक अंक का एक विशेष अर्थ है। अब हम जातक के चार्ट में उपस्थित अंकों के अर्थ पर विचार करेंगे। एक ही अंक के बहुतायत में होने से उनके प्रभाव में भिन्नता आ जाती है।

अंक का स्थान (शून्य)

लोशू-ग्रिड यंत्र तालिका में शून्य का कोई स्थान नहीं, इस पर ध्यान नहीं दिया जाता है। उदाहरण स्वरूप एक ऐसे व्यक्ति का चार्ट जिसकी जन्मतिथि में दो शून्य हैं(14-10-1980) चित्र में दिया गया है। 0 की उपेक्षा कर, हम 1, 4, 8 और 9 की संख्याओं को उचित स्थान पर लिखते हैं और चार्ट का अध्ययन करते हैं।

अंक 1

अंक एक व्यावहारिक स्तर की नीचे की पंक्ति के मध्य भाग में स्थित है। अंक एक व्यक्ति के दूसरों के साथ व्यवहार और उसकी स्वाभाविक प्रतिक्रिया के विषय में जन्मतिथि में महत्त्वपूर्ण सूत्र प्रस्तुत करता है।

जन्म तिथि में अंक एक की उपस्थिति एक बार 1

जातक जिनके चार्ट में अंक एक केवल एक ही बार उपस्थित हो वे अपनी अंत:स्थ भावनाओं को कठिनता से व्यक्त कर पाते हैं। अन्य क्षेत्रों में उनका आचरण भले ही अच्छा हो किंतु अपने व्यक्तित्व के अंत:स्थ भाग को प्रकट करते समय वे व्याकुलता का अनुभव करते हैं। दूसरे व्यक्ति के दृष्टिकोण को भी वे प्राय: ठीक प्रकार से समझने में कठिनाई उत्पन्न करते हैं।

नीचे चार्ट में अंक एक का चित्र यहाँ उदाहरणस्वरूप दिया गया है। 20 फरवरी 1982 को जन्मा जातक स्वयं को सार्वजनिक रूप में भली-भाँति व्यक्त कर सकेगा किंतु अपने हृदय की भावनाओं को प्रियजनों के समक्ष व्यक्त करने में कठिनता का अनुभव करेगा।

जन्म तिथि में अंक एक की उपस्थिति दो बार

लक्ष्मी यंत्र तालिका में दो बार1 अंक की उपस्थिति होने से जातक स्वयं को सुगमता व सहजता से व्यक्त कर लेते हैं। वे जीवन के प्रति सकारात्मक दृष्टिकोण रखते हैं तथा परिस्थितियों का सही अध्ययन कर पाने में सक्षम होते हैं। वे दूसरे व्यक्ति के विचारों को भी सुगमतापूर्वक समझ लेते हैं। चार्ट में यह 1 के अंक की सर्वोत्तम संख्या मानी जाती है। उदाहरणस्वरूप 29 मई 1971 को पैदा हुए जातक के चार्ट में दो 1 होंगे।

जन्म तिथि में अंक एक की उपस्थिति तीन बार

तीन बार 1 अंक वाले चार्ट के जातक दो प्रकार के होते हैं। प्राय: वे वाचाल होते हैं और लगातार बोलते रहते हैं। किंतु कई जातक ऐसे भी होते हैं, जो अंतर्मुखी और बहुत कम बोलने वाले होते हैं। मजे की बात यह है कि क्छेक जातक स्थिति के अनुसार दोनों प्रकार के हो सकने की क्षमता रखते हैं।

तीन 1 वाले जातक प्राय: प्रसन्नचित्त एवं बहिर्मुखी होते हैं और बहुत से प्रसिद्ध व्यक्तियों के चार्ट में यह संयोग होता है। 14 अक्टूबर 1940 को जन्मे जातक के चार्ट में तीन 1 होंगे।

जन्म तिथि में अंक एक की उपस्थिति चार बार

चार बार 1 अंक वाले जातक स्वयं को व्यक्त करने में अति कठिनता का अनुभव करते हैं। ऐसे जातक कोमल हृदय व दूसरों का ध्यान रखने वाले होते हैं व इनके विषय में दूसरों को बहुधा मिथ्याबोध होता है। तनावमुक्त रहने में भी इन्हें कठिनता का सामना करना पड़ता है। 12 नवम्बर 1979 को जन्मे जातक के चार्ट में चार 1 होंगे।

जन्म तिथि में अंक एक की उपस्थिति पाँच, छ या सात बार

पाँच, छः या सात बार 1 अंक वाले जातक स्वयं को मौखिक रूप से व्यक्त करने में अति कठिनता का अनुभव करते हैं। ऐसे जातकों के विषय में प्रायः दूसरों को मिथ्याबोध होता है, अतएव वे अपने वाक् चातुर्य का प्रयोग ऐसे क्षेत्रों मे करते हैं जो इन्हें कम क्लेशकारक प्रतीत होते हैं - यथा लेखन, चित्रकारी और नृत्य आदि। ऐसे अंक-संयोग वाले कई जातक खाने पीने में अति करते हैं व नशे आदि में संलिप्त पाए जाते हैं। 19 नवम्बर 1971 को जन्मे जातक के चार्ट में पाँच 1 होंगे।

अंक 2

अंक 2 लक्ष्मी यंत्र के मानसिक स्तर पर अंतिम अंक है और यह जातक की संवेदनशीलता व सहजज्ञान का परिचायक है। इस शताब्दी में चमत्कारिक लक्ष्मी यंत्र अंकशास्त्र की विधि से निर्मित चार्टों में पाया जाने वाला यह तृतीय सर्वाधिक अंक है। 21वीं शताब्दी में जन्मे प्रत्येक जातक के चार्ट में तो इस अंक की अवस्थिति प्रधान रूप में होगी । जिसमें प्रत्येक व्यक्ति में संवेदनशीलता, अंतर्ज्ञान व स्नेहशीलता के सहजगुण स्वतः ही होंगे। वे इन गुणों का उपयोग किस प्रकार करेंगे, करेंगे भी अथवा बिल्कुल नहीं, यह पृथक विषय है।

जन्म तिथि में अंक दो की उपस्थिति एक बार

एक बार 2 अंक वाले जातक संवेदनशील व अंतर्ज्ञानी होते हैं। वे एक ही झलक में दूसरे व्यक्ति का सार निकाल लेने में प्रवीण होते हैं। किंतु दुर्भाग्य से वे शीघ्रता से नाराज भी हो जाते हैं। ये लोग निष्ठाहीनता को ज्ञात करने की विलक्षण प्रतिभा के स्वामी होते हैं। 14 दिसम्बर 1983 को जन्मे जातक के चार्ट में एक 2 है।

4	9	2
3		
8	111	

जन्म तिथि में अंक दो की उपस्थिति दो बार

दो बार 2 का अंक वाले चार्ट के जातक अति बुद्धिमान, संवेदनशील व अंतर्ज्ञानी होते हैं। किंतु एक 2 वाले जातक की अपेक्षा यह अपनी अंतर्ज्ञा प्रतिभा का अच्छा उपयोग भी करते हैं। यह दूसरों की प्रवृत्ति परखने औ सार निकाल लेने में भी माहिर होते हैं। 28 फरवरी 1979 को जन्मा जातव दो 2 का एक उदाहरण है।

	99	22
		7
8	1	

जन्म तिथि में अंक दो की उपस्थिति तीन बार

तीन बार 2 का अंक वाले जातक बुद्धिमान संवेदनशील व अंतर्ज्ञानी होते हैं एवं अपने अंतर्ज्ञान का लाभ लेते हैं। यह लोग एकाकीपन का बोध करते हैं क्योंकि यह अपनी भावनाओं में खोये रहते हैं। अतएव ज्यादा भीड़ रहने के बजाय वे एकाकी रहना पसंद करते हैं जिससे उनकी भावनाओं को ठेस न पहुँचे। 22 फरवरी 1987 को जन्मा जातक तीन 2 वाले चार्ट का उदाहरण है।

	9	222
		7
8	1	

जन्म तिथि में अंक दो की उपस्थिति चार बार

चार बार 2 अंक वाले जातक अधीर होते हैं और छोटे-छोटे संकटों से घबरा जाते हैं। वे अत्यधिक संवेदनशील होते हैं दूसरे इनकी भावनाओं को ठेस न पहुँचा सकें इसलिए अधिकतर एकाकी रहना पसंद करते हैं। 22 फरवरी, 1972 को जन्मे जातक के चार्ट में चार 2 हैं।

	9	2222
		7
	1	

जन्म तिथि में अंक दो की उपस्थिति पाँच व छः बार

जन्मतिथि में पाँच बार 2 वाले जातक को जीवन निर्वाह असाध्य प्रतीत होता है। ये पूर्णतः संवेदनशील होते हैं और आत्म-संदेह, आत्मविश्वासहीनता व दूसरों पर विश्वास की कमी जैसी विशिष्टताओं से पीड़ित रहते हैं। अगली शताब्दी में छः 2 वाले जातक भी (22 फरवरी 2022) संभावित हो जाएँगे और ऐसे जातकों को अपनी इस परम संवेदनशीलता का निग्रह करना क अति दुष्कर कार्य प्रतीत होगा।

		222222

अंक 3

3 के अंक की उपस्थिति मध्य पंक्ति व भावना–स्तर के आरम्भ में होती है। वैचारिक पंक्ति का यह मध्य अंक है, अतएव यह मानसिक बुद्धि सामर्थ्य से विपुल संबंध होता है। यह एक धनात्मक व प्रसन्नतासूचक अंक है। 3 स्मरण शक्ति तथा स्पष्ट व तार्किक दर्शन से भी संबंध रखता है।

जन्म तिथि में अंक तीन की उपस्थिति एक बार

एक बार 3 अंक वाले जातकों की स्मरण शक्ति तीव्र तथा मस्तिष्क तीक्ष्ण व विचारोत्पादक होता है। ऐसे जातक व्यावहारिक होते हैं और अपने लक्ष्य तक पहुँचने में इनका दृष्टिकोण बहुधा आशावादी ही होता है। अपनी सकारात्मक सोच व आशावादी दृष्टिकोण से दूसरों को प्रेरणा देने में भी ये सक्षम होते हैं। 8 मार्च 1985 को जन्मे जातक की जन्म तिथि में अंक तीन की उपस्थिति एक बार चार्ट में दर्शायी गई है।

	9	
3	5	
88	1	

जन्म तिथि में अंक तीन की उपस्थिति दो बार

4	9	2
33		
8	1	

दो बार 3 अंक वाले जातकों की कल्पना शक्ति तीव्र होती है। वे मानसिक रूप से बहुधा चौकस व क्रियाशील होते हैं। वे तनिक सनकी प्रतीत होते हैं और प्रायः पुराने रीति-रिवाजों का खंडन करना पसंद करते हैं। अपने विचारों को व्यक्त करने और अपनी क्रियात्मक विचार-शक्ति को दिशा देने के सामर्थ्य के कारण इस समीकरण वाले कई जातक लेखक बन जाते हैं। 24 मार्च 1983 को जन्मा जातक दो 3 वाले चार्ट का एक उदाहरण है।

जन्म तिथि में अंक तीन की उपस्थिति तीन बार

	9	
333	5	
8	1	

तीन बार 3 अंक वाले जातक प्रचुर कल्पनाओं के संसार में विचरण करते हैं। दूसरों के साथ मधुर संबंध स्थापित करने में वे कठिनाई का अनुभव करते हैं और स्वकेन्द्रित व दूरस्थ दिखाई पड़ते हैं। वे विलक्षण वैचारिक क्षमता के स्वामी होते हैं किंतु प्रायः अपने स्वप्नों के जगत् में खोए रहते हैं। न केवल ये दूसरों की बात कठिनता से सुनते या मानते हैं अपितु कभी-कभी कुतर्क व क्षुद्रता का प्रदर्शन भी कर सकते हैं। 13 मार्च, 1983 को जन्मा जातक तीन 3 का एक उदाहरण है।

जन्म तिथि में अंक तीन की उपस्थिति चार बार

चार बार 3 का अंक वाले जातक अव्यावहारिक, अत्यंत कल्पनाशील व निरंतर आशंकित रहने वाले होते हैं। इस कारण दैनिक जीवन के कार्यों में कठिनता का अनुभव करते हैं।

यद्यपि चार्ट में यह अंक स्थिति बहुत कम पाई जाती है। अगली बार यह अंक स्थिति 3 मार्च 2033 को होगी और फिर उसी मास की 13, 23 व 31 तिथियों को होगी।

अंक 4

4 का अंक एक व्यावहारिक व उद्यमी अंक है जो संतुलन व सुव्यवस्था का प्रतिनिधित्व करता है। चार्ट में अंक 4 की उपस्थिति से ही जातक की कार्य प्रणाली साफ-सुथरी व उत्तम होती है।

जन्म तिथि में अंक चार की उपस्थिति एक बार

एक बार 4 अंक के चार्ट वाले जातक व्यावहारिक व हस्तकौशल में दक्ष होते हैं। वे ऐसे व्यवसाय को पसंद करते हैं जिसमें वे अपने हाथों से कार्य कर सकें। वे कल्पनाशील योजनाओं व सिद्धांतों से चिढ़ते हैं । इन जातकों में दूसरों को संगठित करने और योजनाओं को पूर्णता तक पहुँचाने की क्षमता प्रकृति-प्रदत्त होती है। एक 4 की उपस्थिति संगीत व हस्त-शिल्प से भी सम्बद्ध है। 14 मार्च, 1986 को जन्मा जातक चार्ट में एक 4 की उपस्थिति का उदाहरण है।

4	9	
3		
8	11	6

जन्म तिथि में अंक चार की उपस्थिति दो बार

44	9	2
8	1	6

चार्ट में दो बार 4 के अंक की उपस्थिति से जातक अनात्मवादी व पदार्थवादी उद्योगों में दूसरे क्रिया कलापों की अपेक्षा अधिक रुचि रखते हैं। अपने प्रबंधन चातुर्य के कारण वे जिस भी कार्य को आरम्भ करते हैं उसे पूर्णता तक ले जाना पसंद करते हैं। ऐसे जातक व्यवस्थित, शुद्धमति व यथार्थवादी होते हैं और हस्तकौशल में प्रवीणता के चलते नयनाभिराम वस्तुएँ बनाना पसंद करते हैं। उदाहरण स्वरुप 24 अप्रैल, 1986 को पैदा हुआ व्यक्ति के लक्ष्मी यंत्र चार्ट में अंक चार की उपस्थिति दो बार दर्शायी गयी है।

जन्म तिथि में अंक चार की उपस्थिति तीन बार

444	9	2
		7
	1	

अपने चार्ट में तीन बार 4 के अंक की उपस्थिति वाले जातक पूर्णतः यथार्थवादी क्रियाकलापों में संलिप्त रहते हैं और जीवन के अन्य पहलुओं पर ध्यान नहीं दे पाते। वे परिश्रमी, सुव्यवस्थित व मर्यादित होते हैं। यद्यपि दूसरे लोगों को उनकी कार्य क्षमता का सुबोध होता है। तथापि तीन बार 4 अंक वाले जातक अपने प्राकृतिक सामर्थ्य के विषय में अनभिज्ञ होते हैं और निष्प्रयोजन कार्यों में बहुत समय व्यर्थ गँवा देते हैं। 24 अप्रैल, 1974 को जन्मा जातक तीन बार 4 के अंक का उदाहरण है।

जन्म तिथि में अंक चार की उपस्थिति चार बार

चार बार 4 के अंक वाले जातक बहुत कम पाए जाते हैं। 24 अप्रैल, 1944 को ऐसा चार्ट अंतिम बार बना था और 2044 तक दोबारा नहीं बन पाएगा। ऐसे जातक पूर्णत: स्थूल कार्यों में संलिप्त रहते हैं और आध्यात्मिक अथवा आंतरिक बातों को समझाने में स्वयं को असमर्थ पाते हैं। हाथ से किए जाने वाले कार्यों में वे अत्यंत प्रवीण होते हैं। उनके शरीर के निचले अंगों में हानि अथवा रोग की प्राय: संभावना रहती है।

24 अप्रैल, 2044 को जन्मे जातकों के चार्ट में चार बार 4 के अंक की उपस्थिति रहेगी।

अंक 5

5 का अंक चार्ट के मध्य में स्थित होता है और संतुलन व भावनात्मक स्थिरता का प्रतीक है, किंतु साथ ही स्वच्छंदता का भी प्रतीक है। अतएव अधिक प्रतिबंधों को सहन न कर पाने के कारण इनको तनिक उन्मुक्तता का वातावरण अपनी ओर आकर्षित करता है।

जन्म तिथि में अंक पांच की उपस्थिति एक बार

एक बार 5 के अंक वाले चार्ट के जातक भावनात्मक रूप से संतुलित होते हैं। वे दयालु, दूसरों के प्रति संवेदनशील व सहज प्रकृति के स्वामी होते हैं। दूसरों को प्रेरणा व प्रोत्साहन प्रदान करने में सक्षम होने के कारण ऐसे जातक संभावित सफलता से भी कुछ अधिक ही प्राप्त कर लेते हैं। 20 नवम्बर, 1985 को जन्मा जातक एक बार 5 के अंक का उदाहरण है।

	9	2
	5	
8	111	

जन्म तिथि में अंक पांच की उपस्थिति दो बार

दो बार 5 के अंक वाले चार्ट के जातक दृढ़संकल्प व गंभीर प्रकृति के स्वामी होते हैं, और इनमें अत्यधिक उत्साह व कुछ कर गुजरने की आकांक्षा होती है। अपनी भावनाओं को नियंत्रित करने में इन्हें कठिनता का सामना करना पड़ता है, जिसके कारण वे क्रोध में अपशब्द बोल देते हैं, जिससे बाद में इन्हें पश्चाताप होता है। इसी प्रवृति के कारण उन्हें अपने पारिवारिक जीवन में भी कठिनाइयों का सामना करना पड़ता है।

15 मई,1993 को जन्मा जातक दो बार 5 के अंक वाले चार्ट का उदाहरण है।

जन्म तिथि में अंक पांच की उपस्थिति तीन बार

तीन बार 5 के अंक वाले चार्ट के जातक बिना सोचे-समझे बोलने के आदी होते हैं और अनजाने में दूसरों को भावनात्मक चोट पहुँचा सकते हैं। उनमें अत्यधिक कर्मठता व कायिक तेजस्विता होती है किंतु इन विशिष्टताओं को दिशा प्रदान करने के लिए सावधानीपूर्वक प्रयास करना आवश्यक है। ऐसे जातक परिवर्तन, रोमांच और साहसिक कार्यों को पसंद करते हैं और प्राय: उन्हें अनावश्यक आपत्तियों का सामना करना पड़ता है।

15 मई, 1905 को जन्मा जातक तीन 5 वाले चार्ट का उदाहरण है।

जन्म तिथि में अंक पांच की उपस्थिति चार बार

चार बार 5 के अंक वाले चार्ट के जातकों को ढूँढ पाना दुष्कर कार्य है क्योंकि यह अंक अवस्था सौ वर्ष में केवल एक बार घटित होती है। पिछली शताब्दी में 5 मई 1955 पहली बार यह योग बना था। अगली बार यह अंक संयोग 5 मई, 2055 को होगा। यह अंक उपस्थिति खतरनाक भी है क्योंकि इससे दुर्घटनाओं का दुर्योग बनता है। चार 5 वाले जातकों के लिए अनिवार्य है कि वे अपनी जीवन-गति तनिक मंद करें व कुछ करने से पूर्व विचार करने की आदत का विकास करें।

अंक 6

अधोपंक्ति के अंतिम कोष्ठक में उपस्थित अंक 6 क्रियाशीलता त्र घर-परिवार से प्रेम का द्योतक है। यह अंक मैत्री तथा परोपकार की भावनाओं का परिचायक भी है।

जन्म तिथि में अंक छः की उपस्थिति

एक बार

एक बार 6 के अंक वाले चार्ट के जातक अपने घर और सगे-संबंधियों से बहुत स्नेह करते हैं। वे पारिवारिक उत्तरदायित्व को पसंद करते हैं और अतिशय क्रियात्मक सामर्थ्य के स्वामी होते हैं। वे अच्छे माँ-बाप और अंततः ऐसे व्यक्ति सिद्ध होते हैं जिनके पास परिवार का प्रत्येक सदस्य विपत्ति के समय परामर्श लेने आता है। परन्तु इनमें असुरक्षा की तीव्र भावना भी होती है और ये नाहक ही वैधुर्य व एकाकीपन की चिंता में लीन रहते हैं। 16 जुलाई, 1981 को जन्मा जातक एक 6 वाले चार्ट का एक उदाहरण है।

दो 6

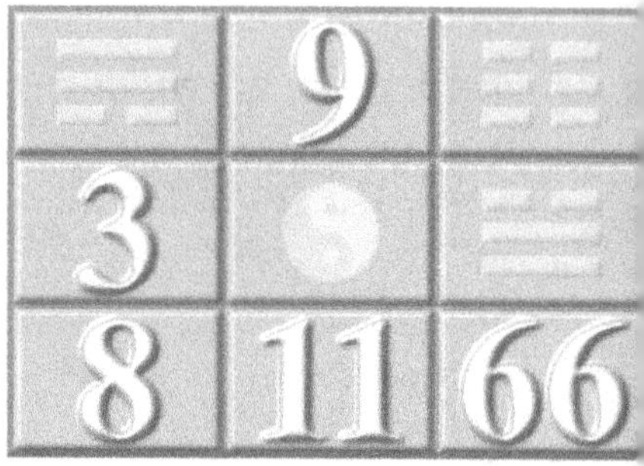

दो 6 वाले चार्ट के जातक अपने घर-परिवार की अनावश्यक चिंता में संलिप्त रहते हैं, जिसके फलस्वरूप उपजे मानसिक तनाव के कारण ऐसे जातकों को अधिक नींद व विश्राम की आवश्यकता होती है। वे क्रियात्मक कार्यों को पसंद करते हैं और सुंदर वस्तुओं के मध्य प्रसन्न रहते हैं। ये प्राय: अपने बच्चों की बहुत अधिक चौकसी करते हैं जिसके कारण उनके प्राकृतिक विकास में बाधक सिद्ध होते हैं। 16 मार्च, 1986 को जन्मा जातक दो 6 का एक उदाहरण है।

तीन 6

तीन 6 वाले चार्ट के जातक अपने प्रियजनों की आवश्यकता से अधिक चौकसी व संरक्षण करते हैं। इनकी रचनात्मक बुद्धि अत्यंत तीव्र होती है जोकि इनके भावनात्मक तनाव का लाभदायक निस्तार करती है। जीवन के धनात्मक पक्ष की बजाय ऋणात्मक पक्ष की ओर देखने की प्रकृति के कारण इन्हें सतत् प्रोत्साहन की आवश्यकता होती है। चिंता और तनाव इन लोगों के लिए विषमताओं का कारक हो सकता है। 16 जून 1986 को जन्मा जातक तीन 6 वाले चार्ट का एक उदाहरण है।

चार 6

चार 6 वाले चार्ट के जातक अत्यधिक रचनाशील होते हैं किंतु जीवन के उषाकाल में अपनी इस योग्यता को दिशा प्रदान नहीं कर पाते। इन्हें हर बात भावनात्मक रूप से प्रभावित करती है, जिसके कारण यह अपने दैनिक जीवन में कष्ट का अनुभव करते हैं। प्रत्येक शताब्दी में केवल तीन तिथियाँ ऐसी होती हैं जिनमें चार 6 वाले जातक उत्पन्न होते हैं। इनमें से सर्वाधिक समीप तिथि है 26 जून, 1966।

अंक 7

अंक 7 मध्य पंक्ति के अंत में अवस्थित होता है। यह अंक कुर्बानी, निराशा अथवा किसी हानि के बाद ही बुद्धिमता प्राप्त करने की सूचना देता है।

एक 7

एक 7 वाले चार्ट के जातक प्रेम, स्वास्थ्य अथवा सम्पत्ति खोकर जीवन का गूढ़ अनुभव प्राप्त करते हैं। कड़वे अनुभवों से सीखने के कारण इनका झुकाव अधिकाधिक आध्यात्मिक अथवा आत्मत्व-ज्ञान की ओर हो जाता है। 8 जुलाई 1986 को जन्मा जातक एक 7 वाले चार्ट का उदाहरण है।

दो 7

दो 7 वाले चार्ट के जातक प्रेम, स्वास्थ्य अथवा वैभव गँवाकर ही ज्ञान व बुद्धिमता प्राप्त करते हैं। अंततोगत्वा, इसी कारण से उनका झुकाव अलौकिक अथवा ब्रह्म जगत की ओर हो जाता है। उनका मस्तिष्क विश्लेषक होता है जिसके कारण दुर्बोध तकनीकी प्रश्नों को हल करने की भी योग्यता इनमें होती है। 18 मार्च 1977 को जन्मा जातक दो 7 वाले चार्ट का एक उदाहरण है।

तीन 7

तीन 7 वाले चार्ट के जातक प्राय: निराश जीवन व्यतीत करते हैं जिसका कारण होता है प्रणय, स्वास्थ्य एवं धन के क्षेत्रों बाधाएँ और आशाभग्नता। शायद इन कठिनाइयों के परिणाम-स्वरूप ही ऐसे लोग अत्यधिक अंतर्शक्ति का संचय कर लेते हैं। 7 जुलाई 1997 को जन्मा जातक तीन 7 वाले चार्ट का एक उदाहरण है।

	99	
		777
	1	

चार 7

चार 7 वाले चार्ट के जातकों को जीवन का वृह्द पाठ प्रणय, स्वास्थ्य व धन-सम्पत्ति खोकर पढ़ना पड़ता है। खुशकिस्मती से प्रत्येक सदी में केवल तीन दिन ऐसे होते हैं जबकि ऐसे अंकों का संयोग घटित होता है। ऐसे दिनों में से सर्वाधिक समीप तिथि 27 जुलाई 1977 थी।

	9	2
		7777
	1	

अंक 8

अंक 8 का संबंध होता है विवरण सम्पादन से। इस अंक की अवस्थिति अधोपंक्ति के आदि में होती है।

एक 8

	9	
	5	7
8	11	6

एक 8 वालेचार्ट के जातक न्यायवर्ती, विधिपूर्वक कार्य करने वाले व विवरण सम्पादन के लिए उपयुक्त होती हैं। ऐसा होते हुए भी आश्चर्य की बात है कि वे हाथ में लिए कार्य पूर्ण नहीं कर पाते। वे चपल बुद्धि के स्वामी होते हैं और नित्य नए विषम कार्य ढूँढते हैं 15 जुलाई 1968 को जन्मा जातक एक 8 वाले चार्ट का एक दृष्टांत है

दो 8

	99	
88	11	

दो 8 वाले चार्ट के जातक अत्यधिक चेतन व पुण्यशील होते हैं। वे किसी बात को स्वीकार करने से पूर्व प्रतीति की अपेक्षा स्वानुभव को प्राथमिकता देते हैं स्थिरबुद्धि व विचारों के स्वामी होते हैं और निर्णय लेने के पश्चात अपना दृष्टिपक्ष बदलने में कठिनता का अनुभव करते हैं। 18 अगस्त 1990 को जन्मा जातक दो 8 वाले चार्ट का एक उदाहरण है।

तीन 8

तीन 8 वाले चार्ट के जातक पुण्यशील, बहुधा अशांत व अलचीले दृष्टिकोण के स्वामी होते हैं। 40 वर्ष की आयु के लगभग वे जीवन के उद्देश्य का निर्धारण करते हैं और उसके पश्चात् तीव्र गति से प्रगति करते हैं। वे आवश्यकता से अधिक भौतिकवादी होते हैं, अतएव उन्हें यह सीखने की आवश्यकता है कि भौतिक सम्पत्ति स्थायी सुख का कारक नहीं हो सकती। 28 अगस्त 1978 को जन्मा जातक तीन 8 वाले चार्ट का एक दृष्टांत है।

चार 8

चार 8 वाले चार्ट के जातक अत्यधिक चंचल होते हैं, अतएव अपने जीवन में विविधता एवं परिवर्तन की आवश्यकता को तीव्रता से अनुभव करते हैं। यदि उन्हें कोई ऐसा कार्य मिल जाए जिसे वे गम्भीरता से करना चाहें तो उनकी प्रगति देखने योग्य हो सकती है, तथापि तब तक वे लक्ष्यहीन जीवनयापन करते हैं। यह अंक संयोग प्रत्येक शती में केवल तीन बार घटित होता है जिनमें से सर्वाधिक समीप तिथि 18 अगस्त 1988 थी।

अंक 9

20वीं सदी मे जन्मे प्रत्येक जातक के चार्ट में कम-से-कम एक 9 अवश्य होता है। यह एक मानवता प्रेमी अंक है और आदर्शवाद, परामक्रम तथा महत्त्वकांक्षा का परिचायक है।

एक 9

	9	2
		77
8	1	

एक 9 वाले चार्ट के जातक महत्त्वाकांक्षी होते हैं और उन्नति करने की तीव्र आकांक्षा रखते हैं। अंक 9 की अवस्थिति मानसिक स्तर तथा क्रियात्मक पंक्ति दोनों में है। यही एकल कारण है कि मनुष्य जाति की उपलब्धियाँ 20वीं सदी में प्रचुर रही है। तथापि ऐसा प्रतीत होता है कि हम में से बहुतों को अभी मानवता प्रेम का पाठ पढ़ना शेष है। एक 9 के चार्ट का दृष्टांत ढूँढना कठिन नहीं है। 27 अगस्त 1970 को जन्मा जातक एक ऐसा दृष्टांत प्रस्तुत करता है।

दो 9

	99	2
	5	
88	1	

दो 9 वाले चार्ट के जातक आदर्शवादी, बुद्धिमान व तनिक दोषपूर्ण होती हैं। चूँकि वे अतिबुद्धिमान होते हैं अतएव कभी-कभी ऐसे लोगों को हेय दृष्टि से देखते हैं जो उन जैसे बुद्धिमान नहीं हैं। इसलिए यह आवश्यक है कि वे समाज के सब स्तरों के लोगों से मेलजोल रखें। 29 अगस्त 1958 को जन्मा जातक दो 9 वाले चार्ट का एक दृष्टांत है।

तीन 9

	999	
	5	
	1	6

तीन 9 वाले जातक आदर्शवादी व बुद्धिमान होते हैं किंतु साथ-ही-साथ स्नेहशील भी। वे अतिश्योक्ति तथा राई का पहाड़ बनाने के आदि होते हैं किंतु परिपक्व होने पर वे इस प्रवृत्ति पर काबू पा लेते हैं। जब वे अपनी मानसिक क्षमता का उपयोग कर रहे होते हैं तो प्रसन्नचित व धनात्मक रहते हैं। किंतु यदि वे अनुभव करें कि वे किसी चक्रमार्ग में फँस गए हैं तो शीघ्र उचाट व निराश हो जाते हैं। 9 मई 1969 को जन्मा जातक तीन 9 वाले चार्ट का एक उदाहरण है।

चार 9

चार 9 वाले चार्ट के जातक अत्यंत बुद्धिमान होते हैं किंतु व्यावहारिक संसार में रहने में कठिनता का अनुभव करते हैं और बहुधा अपनी कल्पनाओं के जगत में ही विचरण करते हैं। यदि वे अपनी प्रचुर सामर्थ्य व शक्ति को दिशा प्रदान करना सीख लें तो संसार में लोक-कल्याण की महत्वपूर्ण शक्ति बन सकते हैं। 19 अगस्त 1999 को जन्मा जातक चार 9 के चार्ट का एक उदाहरण है।

	9999	
8	11	

पाँच 9

पाँच 9 का चार्ट अति दुर्लभ है। पाँच 9 की घटना अंतिम बार 29 सितम्बर 1999 को हुई थी, इसके पश्चात् 9 सितम्बर 2999 से पूर्व कभी नहीं।

4

अनुपस्थित अंकों का प्रभाव

किसी व्यक्ति विशेष के चार्ट में जो अंक अनुपस्थित होते हैं, वे ऐसे उपदेश के परिचायक हैं जोकि जातक को इस जीवन में सीखना है। अपने इष्ट मित्रों के चार्टों से विलुप्त अंकों द्वारा हम यह जान सकते हैं कि वे क्या सीखने के लिए प्रयत्न कर रहे हैं।

इसे जाने बिना हम नाहक ही दूसरों की कार्यप्रणाली में दोष निकालना प्रारम्भ कर देते हैं, जिसका प्रभाव ऋणात्मक हो सकता है। उन लोगों के चार्ट में विलुप्त अंकों को जानकर हम उनकी विषम क्षेत्रों में सहायता कर सकते हैं और अपेक्षाकृत अधिक सफल होने के लिए प्रोत्साहित कर सकते हैं।

प्रत्येक जातक के चार्ट में कम से कम एक अंक अवश्य ही विलुप्त होता है।

जन्म तिथि में अंक 1 की अनुपस्थिति

		22
3	5	

03 मई 2002

वर्तमान शताब्दी में हमें ऐसे जातक फिर मिलेंगे जिनके चार्ट में 1 का अंक विलुप्त है, जो कि पिछले एक सहस्र वर्षों से असंभव था। ऐसे जातक जिनके चार्ट में 1 का अंक विलुप्त है, अपने व्यक्तित्व को व्यक्त नहीं कर पाएँगे और दूसरों की सहायता व परिचर्या में अधिक रुचि रखेंगे। वे पूर्णतः अहं-रहित होंगे। अपनी भावनाओं को रचनात्मक रूप में व्यक्त करने के लिए उन्हें किसी रचनात्मक प्रेरणा स्रोत की आवश्यकता होगी। निम्न चार्ट अंक 1 की अनुपस्थिति का एक उदाहरण है।

जन्म तिथि में अंक 2 की अनुपस्थिति

चार्ट में अंक 2 की अनुपस्थिति से जातक में अंतर्ज्ञान व सूक्ष्म चेतना का अभाव होगा। फलस्वरूप वे अपनी निश्छल व शांत प्रंतप्रात्म की प्रवाज को न मानकर कई गलतियाँ करेंगे। ऐसे जातक अधीर होते हैं और समय के पाबंद नहीं होते। ऐसे जातकों में अपनी गलती मान लेने की बजाय अपने कार्य को सही ठहराने की प्रवृत्ति होती है। ऐसे जातकों को चाहिए कि जीवन में समता हासिल करना सीखें। निम्न चार्ट अंक 2 की अनुपस्थिति का एक उदाहरण है।

	99	
3		7
	1	6

03 सितम्बर 1976

जन्म तिथि में अंक 3 तीन की अनुपस्थिति

10 अक्टूबर 1976

लक्ष्मी यंत्र चार्ट में अंक 3 की अनुपस्थिति से जातक में आत्मविश्वास की कमी होती है, जिसके कारण वे स्वयं को व्यक्त करने में कठिनाई का अनुभव करते हैं। उनमें स्वयं की योग्यता को कम करके आँकने व स्वयं को न जताने की प्रवृति भी होती है। विपत्ति के समय वे उचित प्रकार से सोच नहीं पाते। इन्हें आवश्यकता इस बात की है कि वे स्वयं को स्वीकार कर आगे बढ़ें और धीरे-धीरे आत्मविश्वास व आत्मसम्मान में बढ़ोतरी करें। निम्न चार्ट अंक 3 की अनुपस्थिति का एक उदाहरण है।

जन्म तिथि में अंक 4 की अनुपस्थिति

02 अगस्त 1978

चार्ट में अंक 4 की अनुपस्थिति से जातक पूर्वनिर्धारित योजना के अनुसार कार्य नहीं कर पाते। इनमें बहुधा व्यवस्था व प्रेरणा का अभाव होता है जिसके फलस्वरूप वे तब तक प्रगति नहीं कर पाते जब तक अपने जीवन-दर्शन को बदल नहीं लेते। आवश्यकता इस बात की है कि वे सुव्यवस्थित होकर अपने निर्धारित लक्ष्य की ओर बढ़ें। इस अंक की अनुपस्थिति से जातक अपने ज्ञान, संपर्क, परिवार के सदस्य तथा अपने कर्मचारियों से भी पूरा लाभ नहीं ले पाते। धीरता और सहनशीलता के गुणों के विकास से जीवन उनके लिए आसान बन सकता है। निम्न चार्ट अंक 4 की अनुपस्थिति का एक उदाहरण है।

जन्म तिथि में अंक 5 की अनुपस्थिति

चार्ट में अंक 5 की अनुपस्थिति से जातक लक्ष्य निर्धारण में कठिनता का अनुभव करते हैं और उनमें बहिर्मुखी प्रतिभा व उकसाव का अभाव होता है। इन्हें दूसरों से सतत प्रेरणा की आवश्यकता होती है। ऐसे जातकों को चाहिए कि यथार्थ लक्ष्य को निर्धारित करना सीखें और उसे प्राप्त करने के पश्चात् ही अगले लक्ष्य की ओर बढ़ें। अंक 5 की चार्ट में अनुपस्थिति सामान्य है। निम्न चार्ट अंक 5 की अनुपस्थिति का एक उदाहरण है।

4	9	2
		7
	111	

02 अगस्त 1978

जन्म तिथि में अंक 6 की अनुपस्थिति

4	9	
33		
8	1	

03 मार्च 1984

चार्ट में 6 की अनुपस्थिति से जातकों के लिए आवश्यक है कि वे स्वयं में आत्म-समर्पण की भावना उत्पन्न करें। उनमें अपनी अंतर्भावनाओं को दूसरों से छिपाकर रखने की प्रवृति होती है। इस प्रवृति का कारण होता है अपनी माता अथवा पिता (बहुधा पिता) के साथ जीवन के प्रारंभ में अच्छे या प्रच्छे संबंध। फलस्वरूप ऐसे जातकों को तब तक अपने संबंधों में अनिश्चितता का सामना करना पड़ता है जब तक कि वे हृदय से उन्मुक्त व उदार होना नहीं सीख लेते। निम्न चार्ट अंक 6 की अनुपस्थिति का एक उदाहरण है।

जन्म तिथि में अंक 7की अनुपस्थिति

4	9	222
	5	
	1	

22 फरवरी 1954

चार्ट में अंक 7 की अनुपस्थिति से जातक में दूसरे लोगों की भावनाओं के प्रति अविवेक की प्रवृति होती है। वे अपने दैनिक जीवन में अव्यवस्थित होते हैं। उन्हें आध्यात्मिक अथवा आत्मज्ञान संबंधी बातों में कोई अभिरुचि नहीं होती। आत्मविश्वास की कमी के कारण वे एकाकी रहना भी पसंद नहीं करते। आवश्यकता इस बात की है कि वे अपनी भावनाओं को अभिव्यक्त करना व दूसरों के साथ घुलमिल कर रहना सीखें। निम्न चार्ट अंक 7 की अनुपस्थिति का एक उदाहरण है।

जन्म तिथि में अंक 8 की अनुपस्थिति

4	9	22
		7
	1	6

22 अप्रेल 1976

चार्ट में अंक 8 की अनुपस्थिति से जातक अपने वित्तीय प्रबंधन में कुशल नहीं होते। वे या तो बिल्कुल ही लापरवाह होते हैं अथवा दूसरों के प्रति ज्यादा विश्वस्त होते हैं, फलस्वरूप रुपए पैसे के मामलों में कष्ट प्राप्त रहते हैं। उनमें लक्ष्य निर्धारण की भी कमी होती है और कार्य को हाथ में लेकर अधूरा छोड़ने की प्रवृति भी। आवश्यकता इस बात की है कि वे अपनी इस स्वेच्छा की प्रवृति का त्याग करें और कुछ करने से पूर्व विचार करने की आदत का विकास करें। निम्न चार्ट अंक 8 की अनुपस्थिति का एक उदाहरण है।

जन्म तिथि में अंक 9 की अनुपस्थिति

20वीं सदी में जन्मे जातक के चार्ट में अंक 9 की अनुपस्थिति असंभव है। किंतु 21वीं सदी में जन्मे बहुत से जातकों के चार्ट में यह अंक नहीं होगा। चार्ट में 9 की अनुपस्थिति से जातक दूसरों की भावनाओं तथा आवश्यकताओं को नजरअंदाज करने की प्रवृति रखते हैं। ऐसे जातक उचाट प्रकृति के होते हैं और दूसरों के जीवन में क्या घटित हो रहा है इसके प्रति उदासीन रहते हैं। आवश्यकता इस बात की है कि वे स्वयं में समर्पण की भावना तथा दयालुता के गुणों को विकसित करें। निम्न चार्ट अंक 9 की अनुपस्थिति का एक उदाहरण है।

		22
3		
	11	

11 मार्च 2002

5

भाग्यांक

इस अध्याय में हम अपना अनुसंधान अपने भाग्यांक की गणना से आरम्भ करेंगे। लक्ष्मी यंत्र अंकशास्त्र में यह अंक अति प्रभावशाली अंक माना गया है क्योंकि यह हमारे जीवन लक्ष्य को उद्घाटित करता है। अधिकतर लोगों को यह ज्ञात नहीं होता कि उन्हें जीवन में क्या करना है। इस अंक का परिज्ञान जीवन का आकार बदलने में सक्षम है।

कुल मिलाकर 12 भाग्यांक सम्भव हैं : 1, 2, 3, 4, 5, 6, 7, 8, 9, 11, 22 और 33। ग्यारह, बाईस और तैतीस विशिष्ट भाग्यांक कहलाते हैं और दूसरे अंकों की तुलना में अधिक शक्तिशाली अंक माने जाते हैं।

जन्मतिथि के अंकों को जोड़कर और उत्तर को इकाई के अंक तक न्यून करके भाग्यांक का निरूपण किया जाता है। किंतु अंकों के न्यूनीकरण के दौरान यदि जोड़ 11, 22 अथवा 33 आए तो वहीं रुक जाना चाहिए।

आपका भाग्यांक आपकी जन्मतिथि से उद्भूत है। यह उस महत्वपूर्ण उपदेश का परिचायक है जो कि हमने जीवन में ग्रहण करना है और जो व्यक्ति के अस्तित्व का केन्द्र बिन्दु है। आपका भाग्यांक उस मार्ग को दर्शाता है जिसपर आप जीवन-यात्रा कर रहे हैं। यह जीवन को बेहतर जीने के लिए उपलब्ध अवसरों तथा स्थान संबंधी निरूपण करता है।

भाग्यांक आपके जीवन में इसी प्रकार महत्वपूर्ण है जिस प्रकार शरीर में हृदय की । जीवन-पथ की एक ऐसे प्रधान-मार्ग के रूप में कल्पना कीजिए जो व्यक्ति के जीवन के समस्त क्रियाकलापों में से होकर गुजरता

है। यह आपको आपके पसन्दीदा कार्यों और आपकी दक्षता की सूचना भी देता है।

भाग्यांक की गणना समझने के लिए एक उदाहरण प्रस्तुत है। हम 22 जुलाई 1993 को जन्मे एक जातक के भाग्यांक की गणना करेंगे और उसकी जन्मतिथि का प्रयोग करके एक योग की रचना करेंगे।

जन्म मास 07
जन्म तिथि 22
जन्म वर्ष 1993
योग 2022

अब प्राप्त योग 2022 को एकल अंक प्राप्त होने तक जोड़े

2+0+2+2=6

तो इस प्रकार व्यक्ति का भाग्यांक हुआ 6

आइये भाग्यांक हेतु एक और उदाहरण हमारे एक मित्र का जिनकी जन्म-तिथि 9 फरवरी, 1964 है का लेते हैं

आइए इसकी भाग्यांक की गणना करें:-

जन्म तिथि 09
जन्म मास 02
जन्म वर्ष 1964
योग 1975

1+9+7+5=22

जोड़ 22 होने पर अंक का और अधिक न्यूनीकरण न करते हुए हम यहीं रुक जाते हैं। ऐसा इसलिए कि 22 भी सम्भावित भाग्यांकों में से एक भाग्यांक है। हमारे मित्र की जन्मतिथि एक और बात के लिए सचेत करती है – वह यह कि जोड़ करते समय हम सावधान रहें कि विशेष भाग्यांक की उपेक्षा न करें। अब यदि हम अपने मित्र की जन्मतिथि को सीधी रेखा में जोडते, तो परिणाम निम्नानुसार होगा।

2 + 9 + 1 + 9 + 6 + 4 = 3 1

मास तिथि वर्ष

3 + 1 = 4

आपने देख ही लिया कि सीधी रेखा में जोड़ने से हमने विशिष्ट अंक को खो दिया। व्यावहारिक रूप में भी यह देखा गया है कि हम अंक गणना अपने मस्तिष्क में करने के आदी हैं, अस्तु यदि हमारा उत्तर 2, 4, 6, 11, 22 अथवा 33 आए तो हमें योग की गणना को लिखकर परख लेना चाहिए।

भाग्यांकों का अभिप्राय

प्रत्येक भाग्यांक का एक विशिष्ट अर्थ है। इस अध्याय में हम सीखेंगे कि भाग्यांक हमारे जीवन को किस प्रकार प्रभावित करते हुए दिशा देते हैं। ।

भाग्यांक 1

मुख्य प्रतिमाएँ– स्वच्छन्द, आत्माभिमान, नेतृत्व, नवीन प्रवर्तन। विशिष कारक प्राप्ति।

भाग्यांक 1 वाले जातकों को अपने पाँवों पर खड़े होकर उन्नति के मार्ग पर अग्रसर होना सीखना है। ऐसे जातक बहुधा दूसरों पर निर्भर होकर जीवन–यात्रा आरम्भ करते हैं और क्रमशः परिपक्व होते हुए स्वच्छन्दता प्राप्त करते हैं। अन्ततः वे अन्वेषक, प्रवर्तक व नेतृत्व करने वाले व्यक्ति बन जाते हैं। भाग्यांक 1 वाले जातक आत्मकेन्द्रित, महत्त्वाकांक्षी, प्रगतिशील, दृढ़ निश्चयी और हठी होते हैं। वे अन्वेषक मस्तिष्क और विपुल नेतृत्व योग्यता के स्वामी होते हैं। अपनी कार्य सम्पादन क्षमता के कारण वे साधारण से पदों पर कार्य करते हुए क्रमशः अपने कार्यक्षेत्र के उच्चतम पद पर पहुँच जाते हैं। स्वस्थ व्यक्तिगत आवश्यकताओं के विषय में उनकी इच्छापूर्ति आवश्यक होती है। यद्यपि यह आवश्यकताएँ अप्रत्यक्ष होती हैं तथापि भाग्यांक 1 के जातक इसके विषय में स्वयं अनभिज्ञ होते हैं। अतएव उनकी जो भी आवश्यकता हो उसकी पूर्ति आवश्यक है।

भाग्यांक 1 का उदाहरण

15 जुलाई, 1959 को जन्मे व्यक्ति का भाग्यांक निकालने हेतु इसकी जन्म तिथि के सभी अंकों का जोड़ एकल अंक प्राप्त होने तक करें।

07 (मास)
15 (दिन)
1959 (वर्ष)

1981 योग

1 + 9 + 8 + 1 = 19
1 + 9 = 1

भाग्यांक 1 का एक ऋणात्मक पहलू भी है – कुछ जातक स्वच्छंदत प्राप्त न कर पाने के कारण दूसरों पर अधिक निर्भर प्रतीत होते हैं, जिसक फलस्वरूप दूसरे लोग इसका अनुचित लाभ उठा लेते हैं। यद्यपि इसका उन्हें पता होता है, परन्तु वे इसका प्रतिरोध करने में स्वयं को असमर्थ पाते हैं।

इस भाग्यांक का दूसरा ऋणात्मक पहलू यह है कि– इसके जातक दूसरे लोगों को साधन बनाकर प्रगति की सीढ़ियाँ चढ़ने से परहेज नहीं करते। उनमें अहं भावना तीव्र होती है और वे सदैव अपने निजी स्वार्थ को प्राथमिकता देते हैं।

भाग्यांक 2

मुख्य प्रतिमाएँ–सहयोग, समता, नीति–निपुणता, राजसिंहासन की शक्ति, शांति स्थापक।

भाग्यांक 2 वाले जातकों में दूसरों को सरसता का अनुभव कराने की विद्वता होती है। वे अपने मनोहर व विनीत स्वभाव के कारण बहुत अच्छे मेज़बान साबित होते हैं। वे दूसरों की आवश्यकताओं के प्रति जागरूक होते हैं और मित्र बनाने की कला जानते हैं। एकाकी रहने की अपेक्षा वे स्थायी सम्बंधों से अनुराग रखते हैं। वे कोमल हृदय, शांतिप्रिय व सहजज्ञानी होते हैं। वे अच्छे मित्र साबित होते हैं और अपनी भावनाओं को भली–भाँति व्यक्त कर सकते हैं। वे भौतिक आवश्यकताओं व अपनी सामाजिक स्थिति के विषय में अधिक चिंतन नहीं करते, जिसके परिणामस्वरूप वे प्रधान पद की बजाए बहुधा द्वितीय पद पर कार्य करते हैं और राजसिंहासन की शक्ति के रूप में ही संतुष्ट रहते हैं। ऐसे पदों पर उन्हें सदैव वांछित मान्यता भी नहीं मिल पाती। इसके बावजूद भी अपने अच्छे कार्य सम्पादन के कारण वे संतुष्ट रहते हैं।

भाग्यांक 2 का उदाहरण

6 जुलाई, 1960 को जन्मे व्यक्ति का भाग्यांक निकालने हेतु इसकी जन्म तिथि के सभी अंकों का जोड़ एकल अंक प्राप्त होने तक करें।

07 (मास)
06 (दिन)
1960 (वर्ष)
1973 योग

1 + 9 + 7 + 3 = 20
2 + 0 = 2

अतः इस व्यक्ति का भाग्यांक 2 होगा

कभी–कभी भाग्यांक 2 वाले जातक अपने चातुर्य का ऋणात्मक इस्तेमाल करते हुए भी मिल जाएँगे – वे नायक बनने के लिए खूब प्रयास करेंगे और साधारण पद पर प्रतिष्ठा हासिल करने की बजाए मुख्य पद पर सामान्य रहने को श्रेष्ठ समझेंगे। यद्यपि वे अपने इस ध्येय में सफल हो सकते हैं किंतु नायकत्व के पद पर वे स्वयं को कदापि प्रसन्नचित अथवा आश्वस्त नहीं पाएँगे।

भाग्यांक 3

मुख्य प्रतिमाएँ– स्वाभिव्यक्ति, सृजनात्मक, समागम, कलात्मक, सचेतन, सामाजिक।

भाग्यांक 3 वाले जातकों की आवश्यकता होती है – किसी भी प्रकार से स्वाभिव्यक्ति, और उसमें सृजनात्मकता हो तो और भी बढ़िया। इस शब्द में चूँकि मौखिक विद्वता निहित है, अतएव स्वाभिव्यक्ति गायन, संवाद अथवा लेखन के माध्यम से भी हो सकती है। भाग्यांक 3 के जातक वाचाल होते हैं और जीवन का विचार विनिमय उनका विशिष्ट गुण है। वे सक्रिय व कल्पनाशील मस्तिष्क के स्वामी होते हैं, जिसमें विचारों का अम्बार होता है। किंतु बहुधा इन विचारों को व्यावहारिक रूप देने के लिए उनमें प्रेरणा का अभाव होता है। इस भाग्यांक वाले जातक मित्रवत्, मिलनसार व बाह्यमुखी होते हैं। वे लोगों के बीच रहना पसंद करते हैं और अधिक समय तक एकाकी नहीं रह सकते। उनका भाग्यांक दूसरे भाग्यांकों की अपेक्षा अधिक आनन्दी व कम गंभीर वृति का होता है।

भाग्यांक 3 का उदाहरण

16 अगस्त, 1959 को जन्मे व्यक्ति का भाग्यांक निकालने हेतु इसकी जन्म तिथि के सभी अंकों का जोड़ एकल अंक प्राप्त होने तक करें।

08 (मास)
16 (दिन)
1959 (वर्ष)
1983 योग

1 + 9 + 8 + 3 = 21
2 + 1 = 3

अतः इस व्यक्ति का भाग्यांक 3 होगा

भाग्यांक 3 के कतिपय जातकों का ऋणात्मक पहलू है – छिछलापन एवं अव्यवस्था। वे बहुत से कार्य क्षेत्रों में रुचि लेते हैं किंतु किसी भी कार्य को पूर्णता तक नहीं पहुँचा पाते। ध्येय का अभाव उनके बंधुओं के लिए क्लेशकारक होता है, विशेषत: तब जब ये अल्कोहल, नशों और यौनाचार में अपेक्षाकृत अधिक रुचि लेने लगते हैं।

भाग्यांक 4

मुख्य प्रतिमाएँ- कार्य पद्धति, व्यवस्था, सीमितता, सेवाभाव, आधार, अनुशासन, विश्वसनीय, क्रमबद्ध।

भाग्यांक 4 वाले जातकों को अपने ध्येय हासिल करने के हेतु कठिन परिश्रम करना होता है। वे व्यावहारिक, विश्वसनीय, शुद्धमति व व्यवस्थित जातक होते हैं जो कि क्रमबद्ध कार्य करना पसंद करते हैं। वे अस्त-व्यस्त हुए कार्यों में भी व्यवस्था स्थापित करने में प्रवीण होते हैं। वे परिश्रमी कार्यकर्ता होते हैं और अपनी मेहनत का रंग देखना पसंद करते हैं। ऐसे जातक धैर्यपूर्वक, दीर्घकाल तक सतत् परिश्रम करने के लिए उद्यत रहते हैं, विशेषतः यदि प्रयत्न उन्हें समुचित प्रतीत हो। वे विवरण-सम्पादन में दक्ष होते हैं और जटिल किंतु उत्कृष्ट कार्यों को करना पसंद करते हैं। अपने अड़ियल व हठी स्वभाव के कारण वे संकल्प करने के पश्चात् अपना विचार बदलने में कठिनता का अनुभव करते हैं। अपनी पसंद-नापसंद के विषय में वे अडिग होते हैं और अपने विचार व्यक्त करने से घबराते नहीं।

भाग्यांक 4 का उदाहरण

13 अगस्त, 1990 को जन्मे व्यक्ति का भाग्यांक निकालने हेतु इसकी जन्म तिथि के सभी अंकों का जोड़ एकल अंक प्राप्त होने तक करें।

08	(मास)
13	(दिन)
1990	(वर्ष)
2011	

$2 + 0 + 1 + 1 = 4$

अतः इस व्यक्ति का भाग्यांक 4 होगा

भाग्यांक 4 के जातक अपनी दक्षता का कभी-कभी गलत इस्तेमाल भी करते हैं। वे किसी भी प्रकार की परिमितता अथवा मर्यादा नापसंद करते हैं और निर्दयता से उसका उल्लंघन भी करते हैं। किसी वस्तुस्थिति पर विहंगम दृष्टि डालने की अपनी अयोग्यता के कारण कई बार वे सुअवसर गँवा देते हैं, जिसके परिणामस्वरूप उनके व्यक्तित्व में निराशावाद की वृद्धि हो सकती है।

भाग्यांक 5

मुख्य प्रतिमाएँ – विभिन्नता, रचनात्मक स्वच्छंदता, यात्राएँ, परिवर्तनशील अन्वेषक, परिवर्तनशील।

भाग्यांक 5 वाले जातक परिवर्तनशील होते हैं और विभिन्न प्रकार के कार्य करना पसंद करते हैं। वे परिमितता से शीघ्र ही व्याकुल व अधीर हो जाते हैं। वे यात्राएँ, रोमांच और नित्यकर्म से भिन्न किसी भी कार्यकलाप को पसंद करते हैं। ऐसे जातक तीव्रता से विचार करते हैं और कठिन समस्याओं को सुलझाना पसंद करते हैं। जीवन के आरंभिक में वे कई कार्यों में हाथ डालते हैं और यथोचित राह पा लेने के पश्चात् वे शीघ्र ही सफलता प्राप्त कर लेते हैं। ऐसे जातक सदैव जिज्ञासु, उत्साही व नित्य युवा रहते हैं।

भाग्यांक 5 का ऋणात्मक पहलू है – अति। ऐसे जातक प्राय: बीच–यात्रा में दिशा परिवर्तन कर लेते हैं और किसी भी कार्य में अधिक समय तक टिक नहीं पाते। बहुत से जातक अल्कोहल, नशे व यौनाचार आदि गलत आदतों में भी अति के शिकार हो जाते हैं।

भाग्यांक 5 का उदाहरण

5 मई, 1957 को जन्मे व्यक्ति का भाग्यांक निकालने हेतु इसकी जन्म तिथि के सभी अंकों का जोड़ एकल अंक प्राप्त होने तक करें।

05 (मास)
05 (दिन)
1957 (वर्ष)
1967 योग

1 + 9 + 6 + 7 = 23
2 + 3 = 5

अतः इस व्यक्ति का भाग्यांक 5 होगा

भाग्यांक 6

मुख्य प्रतिमाएँ– घर परिवार की जिम्मेदारी, समता, प्रेम, देखभाल, संरक्षक, पोषक, बिरादरी भाई।

भाग्यांक 6 वाले जातक संरक्षक, देखभाल करने वाले व जिम्मेदार व्यक्ति होते हैं। वे अन्य लोगों के बोझ उठाते हैं और आवश्यकता के समय सहायता करने को सदैव तत्पर रहते हैं। विशेषत: वे अपने बंधु-मित्रों की सहायता करने में प्रसन्नता का अनुभव करते हैं। वे ऐसे व्यक्ति सिद्ध होते हैं जिनके पास परिवार के अन्य सदस्य विपत्ति के समय परामर्श लेने आते हैं। भाग्यांक 6 वाले जातक मध्यस्थ बनकर दूसरों के मध्य विवाद इस प्रकार निपटाने का सामर्थ्य रखते हैं कि प्रत्येक व्यक्ति उनके परिणाम से प्रसन्नता का अनुभव करते हैं। ऐसे जातक सृजनात्मक प्रतिभा के स्वामी होते हैं जो प्राय: कला-क्षेत्रों में होती है।

भाग्यांक 6 का उदाहरण

1 जून, 1952 को जन्मे व्यक्ति का भाग्यांक निकालने हेतु इसकी जन्म तिथि के सभी अंकों का जोड़ एकल अंक प्राप्त होने तक करें।

06 (मास)
01 (दिन)
1952 (वर्ष)
1973 योग

1 + 9 + 5 + 2 = 24
2 + 4 = 6

अत: इस व्यक्ति का भाग्यांक 6 होगा

भाग्यांक 6 वाले जातक अपनी प्रतिभा का प्रयोग ऋणात्मक रूप से करते कम ही पाए जाते हैं। फिर भी ऐसे व्यक्ति जो सबकी जिम्मेदारी वहन करने में विश्वास रखते हैं प्राय: दूसरों के बोझ तले दबे हुए पाए जाते हैं।

भाग्यांक 7

मुख्य प्रतिमाएँ– विश्लेषण, ज्ञान, विद्वता, सुबोध, विश्लेषक, अंतर्मुखी आध्यात्मिक।

भाग्यांक 7 वाले जातकों को ज्ञान और विद्वता विकसित करने हेतु एकांतवास की आवश्यकता होती है। प्रत्येक कार्य के सम्पादन में उनकी विशिष्ट व अद्वितीय पद्धति होती है। यह उन्हें अपूर्व मौलिकता तो प्रदान करती ही है, किंतु साथ ही वे उसके अनुसार परिवर्तन लाने और उसके बनने में कठिनता का अनुभव करते हैं। और यही कारण है कि मन विपरीत मंडली में भागीदारी उन्हें कभी-कभी कठिन कार्य लगता है।

भाग्यांक 7 वाले जातक जान-पहचान के लोगों के बड़े दायरे की अपेक्षा कुछ नजदीकी दोस्तों को महत्व देते हैं। उनके साथ मित्रता का सूत्रपात कठिन कार्य हो सकता है चूँकि वह जल्दी से घुलते मिलते नहीं, किंतु यदि उन्हें दूसरे व्यक्ति पर पूर्ण विश्वास हो जाए तो वे अच्छे मित्र साबित होते हैं। ऐसे जातक गूढ़ प्रकृति, सचेत, अंतर्मुखी व आध्यात्मिक होते हैं, और उनके जीवन का अनुभव जीवन-यात्रा के दौरान परिपक्व होता रहता है।

भाग्यांक 7 का उदाहरण

6 फरवरी, 1952 को जन्मे व्यक्ति का भाग्यांक निकालने हेतु इसकी जन्म तिथि के सभी अंकों का जोड़ एकल अंक प्राप्त होने तक करें।

02 (मास)
06 (दिन)
1952 (वर्ष)
1960 योग

1 + 9 + 6 + 0 = 16
1 + 6 = 7

अतः इस व्यक्ति का भाग्यांक 7 होगा

इनका ऋणात्मक पहलू यह है कि वे दूसरों से निकटस्थ संबंध न बना पाने के कारण एकांतवासी बन जाते हैं और उत्तरोतर अंतर्मुखी और आत्मकेन्द्रित हो जाते हैं।

भाग्यांक 8

मुख्य प्रतिमाएँ- भौतिक संतुष्टि, अधिकार शक्ति, महत्त्वाकांक्षा, आदान-प्रदान।

भाग्यांक 8 वाले जातक अपनी सफलता का प्रतिफल भोगने की तीव्र इच्छा रखते हैं और बड़े-बड़े उद्योगों के साथ सम्बद्ध होना पसंद करते हैं। वे अपने लिए यथोचित लक्ष्य निर्धारित करते हैं और फिर लक्ष्य तक पहुँचने का प्रयास करते हैं। वे दृढ़ निश्चयी व महत्त्वाकांक्षी होते हैं और अपने लक्ष्य को अवश्य प्राप्त करते हैं। 8 वाले जातक वास्तविक जगत में विचरण करते हैं और काल्पनिक जगत में विचरण करने वालों के लिए उनके पास समय नहीं होता। धन संबंधी कार्यों में वे कुशल होते हैं और अपने आर्थिक लक्ष्य प्राप्त कर लेने के पश्चात् काफी मुक्तहस्त हो सकते हैं। चरित्र के वे अच्छे गुणदोषज्ञ होते हैं। उनमें नेतृत्व शक्ति होती है जिस कारण से वे प्रायः जिम्मेदार पदों पर आसीन होते हैं। यद्यपि वे अपनी इस विशिष्टता के विषय में अनभिज्ञ होते हैं, भाग्यांक 8 वाले जातक हठी व जिद्दी भी हो सकते हैं।

भाग्यांक 8 का उदाहरण

17 जुलाई, 1959 को जन्मे व्यक्ति का भाग्यांक निकालने हेतु इसकी जन्म तिथि के सभी अंकों का जोड़ एकल अंक प्राप्त होने तक करें।

03 (मास)
17 (दिन)
1959 (वर्ष)
1979 योग

1 + 9 + 7 + 9 = 26
2 + 6 = 8

अतः इस व्यक्ति का भाग्यांक 8 होगा

ऐसे जातक जो अपने सामर्थ्य का गलत प्रयोग करते हैं, स्वास्थ्य, प्रसन्नचित्तता व निकट-संबंधों को गँवाकर प्रचुर मात्रा में धन प्राप्त कर लेते हैं। वे असहनशील, प्रतिहिंसक व शक्ति-लोलुप भी बन सकते हैं।

भाग्यांक 9

मुख्य प्रतिमाएँ– मानवतावाद, स्वार्थहीनता, करुणा, आदर्शवाद, पूर्णता सार्वभौमिक प्रेम।

भाग्यांक 9 के जातक समर्पण में रुचि रखते हैं। कोमल हृदय व अनुरागी होने के कारण वे दूसरों की सहायता करने में दृढ़ विश्वास रखते हैं और प्राय: अपनी सुश्रूषा और सेवानुदान से प्रसन्नचित्त रहते हैं चाहे इसका प्रत्युत्तर उन्हें कम ही क्यों न मिले। परिणामस्वरूप दूसरे उनकी इस विशिष्टता का सुगमतापूर्वक लाभ उठा लेते हैं। भाग्यांक 9 के जातक रोमांटिक प्रकृति के होते हैं और अपने सच्चे व अगाध प्रेम का प्रत्युत्तर न मिलने पर अत्यंत निराश हो जाते हैं। उनके इस मानवतावादी लक्ष्य की प्रकृति स्वार्थरहित और सार्वभौमिक होती है। भाग्यांक 9 एक सृजनात्मक अंक है और यह जातक अपनी सृजनात्मकता प्राय: लेखन के माध्यम से प्रकट करते हैं, यद्यपि इसका और भी कई प्रकार से निर्गम हो सकता है।

भाग्यांक 9 का उदाहरण

18 जुलाई, 1991 को जन्मे व्यक्ति का भाग्यांक निकालने हेतु इसकी जन्म तिथि के सभी अंकों का जोड़ एकल अंक प्राप्त होने तक करें।

07	(मास)
18	(दिन)
1991	(वर्ष)
2016	योग

2+0+1+6 = 9

अत: इस व्यक्ति का भाग्यांक 9 होगा

आपको भाग्यांक 9 वाले कई ऋणात्मक प्रकृति के जातक भी मिल जाएँगे। वह इसलिए कि भौतिकवादी संसार में स्वार्थपरता से दूर व मुक्तहस्त रहना दुष्कर है। ऐसे जातक समर्पण की बजाए अपने फायदे का प्रयास करते हैं, किंतु उन्हें इसमें संतुष्टि नहीं मिल पाती क्योंकि वे अपनी यथार्थ प्रकृति के विरुद्ध कार्य कर रहे होते हैं।

6

विशिष्ट भाग्यांक

चमत्कारिक लक्ष्मी यंत्र विज्ञान में 11, 22 अथवा 33 को विशिष्ट भाग्यांक का दर्जा प्राप्त है। यह अंक अत्यंत विकसित आत्माओं से संबंध रखते हैं – ऐसे जातक जो पूर्वजन्मों में प्रारम्भिक शिक्षा ग्रहण कर चुके हैं और इस जन्म में उन्हें अपेक्षाकृत महत्वपूर्ण ज्ञान ग्रहण करना है। विशिष्ट भाग्यांक वाले जातक कई जन्मों से गुजर चुके हैं और अब उनके पास सुअवसर है संसार में अपनी छाप छोड़ने का। दुर्भाग्य से बहुत से विशिष्ट भाग्यांक वाले जातक अपनी क्षमताओं का सही आकलन नहीं कर पाते। अतएव वे अपनी सामर्थ्य का अंशमात्र ही उपयोग कर पाते हैं।

विशिष्ट भाग्यांकों के साथ किंचित मानसिक तनाव भी होता है जिसके कारण अपने ध्येय तक पहुँचना उनके लिए दुःसाध्य होता है। वैसे भी श्रेष्ठ भाग्यांक के जातकों में जीवन के पूर्वार्ध में सफलता प्राप्त कर लेना दुर्लभ ही है। प्रायः वे 2, 4 अथवा 6 अंक का सामर्थ्य प्रतिबिंबित करते हुए जीवन यात्रा की शुरुआत करते हैं और आत्मविश्वास व स्थिरता में वृद्धि के समयानुसार विकसित होने के कारण विशिष्ट भाग्यांक का सामर्थ्य उनमें उत्तरोतर अधिक प्रस्फुटित होने लगता है। प्रायः वे जीवन के उत्तरार्ध में ही अपेक्षाकृत अधिक सफलता प्राप्त करते हैं।

विशिष्ट भाग्यांक : 11

आदर्शवाद, ज्ञानोदय, अंतर्ज्ञान, नायकत्व, भविष्यदर्शी, सहजज्ञानी, सूक्ष्मग्राही, सृजनकर्ता, प्रेरणादायक, आध्यात्मज्ञान का संदेश वाहक, मानव-निस्तारकर्ता।

विशिष्ट भाग्यांक 11 के जातक आदर्शवादी होते हैं। बहुधा वे भविष्यदर्शी होते हैं, उनकी पहुँच अद्वितीय प्रकृति के विचारों तक होती

है और वे कार्य करने के बजाए कल्पना के संसार में विचरण करते हैं। इसके बावजूद वे कार्य करने की योग्यता से परिपूर्ण होते हैं, और यथेष्ट प्रेरणा से कुछ भी प्राप्त कर सकते है। किंतु चूँकि उनके विचार सदैव व्यावहारिक नहीं होते, अतएव उन्हें चाहिए कि वे अनुकरण करने से पूर्व उनका मूल्यांकन अवश्य कर लें।

11 भाग्यांक वाले सदा सहज ज्ञानी व दूसरों का ध्यान करने वाले जातक होते हैं। 11 में सब अंकों से अधिक अंतर्ज्ञान निहित है। यह अंक अंत:करण का ज्ञान, सूक्ष्मग्रहिता, मानसिक शक्ति, भीरूता व अव्यवहारिकता का प्रतिनिधित्व करता है। यह कल्पनाशील अंक है। अंक 11 में अंक 2 की सब विशिष्टताएँ निहित होती हैं किंतु समय बीतने के साथ - करिश्मा, नेतृत्व व प्रेरणा की शक्ति बढ़ती है। यदि यह अंक किसी बाह्यमुखी लक्ष्य पर केन्द्रित न किया जाए तो यह आत्मकेन्द्रित होकर कई तरह की आशंकाएँ व त्रास पैदा करता है। 11 महानता व आत्मविनाश की सीमा-रेखा पर खड़ा रहता है। विकास, स्थिरता व व्यक्तिगत प्रभाव पाने के लिए सहज ज्ञान व आध्यात्मिक सत्य को स्वीकार करना ही पड़ेगा 11 के जातकों को शांति की प्राप्ति कुतर्कों की बजाए धार्मिक निष्ठा में होगी। यह अध्यात्मवादियों का अंक है।

भाग्यांक 11 के जातक जो अपनी सामर्थ्य के ऋणात्मक पहलू का इस्तेमाल करते हैं, वो अव्यावहारिक व शेखचिल्ली किस्म के होते हैं जिनकी उपलब्धियाँ शून्य के बराबर होती हैं और जो ऐसे जगत में विचरण करते हैं जहाँ वास्तविकता और कल्पना के मध्य कोई सीमा रेखा नहीं होती।

भाग्यांक 11 का उदाहरण

18 जुलाई, 1990 को जन्मे व्यक्ति का भाग्यांक निकालने हेतु इसकी जन्म तिथि के सभी अंकों का जोड़ एकल अंक प्राप्त होने तक करें।

01 (मास)
18 (दिन)
1990 (वर्ष)
2009 योग
2 + 9 = 11

अतः इस व्यक्ति का भाग्यांक 11 होगा

विशिष्ट भाग्यांक : 22

श्रेष्ठ निर्माता, व्यावहारिक, अपने प्रयत्न से श्रेष्ठता, श्रेष्ठ प्रबंधक, श्रेष्ठ योजना - रचयिता, भविष्यदृष्टा, कल्पना का वास्तविकता में रूपांतर, महत्त्वाकांक्षी, सहजज्ञानी, प्राकृतिक नायक, अनुशासित, विधिवत् कार्य प्रणाली।

22 सब अंकों में से सर्वाधिक शक्तिमान अंक है। इसे प्रायः श्रेष्ठ निर्माता कहा जाता है। 22 महत्तम कल्पना का वास्तविकता में रूपान्तरण कर सकता है। इसमें सर्वाधिक सफलता प्राप्त करने का सामर्थ्य निहित है। यह भाग्यांक सम्मिश्रण है 11 के प्रेरणाजनक परिज्ञान और 4 की व्यावहारिकता व विधिवत् कार्य प्रणाली का। यह अपरिमित किंतु अनुशासित अंक है। इसके विचार उन्नत व योजनाएँ विशाल होती हैं और यह आदर्शवाद, नेतृत्वशक्ति व दृढ़ आत्मविश्वास का परिचायक है। यदि 22 व्यावहारिकता से दूर हो तो अपना सामर्थ्य व्यर्थ गँवा देता है। 11 की भाँति 22 भी अपनी ध्येय से डिग सकता है जिसका परिणाम होता है प्रांतरिक क्लेश कारक आंतरिक दबाव। 11 व 22 दोनों ही इस अतिशय आंतरिक दबाव को अनुभव करते हैं, विशेषतः कम्र उम्र में। अतएव इस अंक के जातकों को व्यक्तिगत महत्त्वाकांक्षा से ऊपर उठकर महत् लक्ष्यों को पाने के लिए संघर्ष करना चाहिए। मनुष्य के इस्तेमाल की कोई वस्तु बनाकर 22 व्यावहारिक रूप में लोकोपकार करता है।

भाग्यांक 22 का उदाहरण

4 नवम्बर, 1960 को जन्मे व्यक्ति का भाग्यांक इसकी जन्म तिथि के सभी अंकों का जोड़ एकल सफल भाग्यांक प्राप्त करें।

11	(मास)
04	(दिन)
1960	(वर्ष)
1975	योग

1 + 9 + 7 + 5 = 22

अतः इस व्यक्ति का भाग्यांक 22 होगा

22 भाग्यांक वाले जातक कुछ भी प्राप्त कर सकते हैं बशर्ते वे ऐसा निश्चय कर लें। प्रायः उनका ध्येय-वृत्त बड़ा होता है। उनमें सामर्थ्य का बाहुल्य होता है, आवश्यकता इस बात की है कि वे इसका समुचित व सृजनात्मक इस्तेमाल करें। 11 की भाँति 22 भी प्रायः कल्पनाशील प्राणी होते हैं किंतु वे अपनी कल्पनाओं को वास्तविक रूप भी प्रदान करते हैं।

यह जातक व्यावहारिक होते हैं – प्राय: रीति–रिवाजों को न मानने वाल और बहुधा करिश्मा साज। वे अपने कार्यों व शब्दों द्वारा दूसरों को गतियुक बना सकने व प्रेरित करने में सक्षम होते हैं।

इस विशिष्ट भाग्यांक का ऋणात्मक पहलू है – स्वार्थपरता। 22 अपनी महत् सामर्थ्य का इस्तेमाल अपने स्वार्थहित में करते हैं और दूसर की आवश्यकताओं को नज़रअंदाज कर देते हैं। कभी–कभी वे अपनी इस कमी से वाकिफ होते हुए भी, धनात्मक पथ पर चल पाने में कठिनता क अनुभव करते हैं।

विशिष्ट भाग्यांक : 33

परमार्थवादी, निष्काम सेवा, अवतार, गूढ़ प्रकृति, कर्त्तव्य साधन, आत्मिक–पोषण, अंतर्ज्ञानी, संरक्षक, अनुरागी, न्यायधर्मयोद्धा, उस्तादो का उस्ताद।

33 सब अंकों में सर्वाधिक प्रभावशाली अंक है। यह आरोग्यकर प्रेम का स्वामी है। विशिष्ट भाग्यांक 33 भाग्यांकों 11 और 22 की विशिष्टताओं का सम्मिश्रण है और सामर्थ्य में उनसे ऊपर है। जब इसकी अभिव्यक्ति पूर्ण रूप से होती है तो 33 महत्त्वाकांक्षा विहीन होता है और अपनी महत् सामर्थ्य को मानवता के आध्यात्मिक उद्धार के लिए केन्द्रिभूत कर देता है। अपनी सच्ची धर्मनिष्ठा के कारण अंक 33 विशेष हृदयंगम होता है। यह विशिष्टता इसके दूसरों को उपदेश देने से पूर्व निश्चयपूर्वक ज्ञान शक्ति व विद्वता की खोज में प्रतिबिंबित होती है। पूर्ण ओजस्वी 33 किंचित अपूर्व वस्तु है। अपने खुले दिल और निरपेक्ष प्रेम के माध्यम से 33 का जातक एक प्रभावशाली आरोग्यकारक शक्ति को खोजने के लिए प्रयासरत रहता है।

भाग्यांक 33 का उदाहरण

इस तिथि 9 जुलाई 1961 को जन्मे व्यक्ति का भाग्यांक इसकी जन्म तिथि के सभी अंकों का जोड़ करके सफल भाग्यांक प्राप्त करें।

(M) (D) (Y)
7 9 1961

7 (M)
9 (D)
1+9+6+1 (Y)

7+9+17=33

अत: इस व्यक्ति का भाग्यांक 33 होगा

भाग्यांक प्रतिमा एक नजर मे

One 1	स्वच्छन्द, आत्माभिमान, नेतृत्व, नवीन प्रवर्तन। विशिष्ट कारक प्राप्ति
Two 2	सहयोग, समता, नीति-निपुणता, राजसिंहासन की शक्ति, शांति स्थापक।
Three 3	स्वाभिव्यक्ति, सृजनात्मक, समागम, कलात्मक, सचेतन, सामाजिक।
Four 4	कार्य पद्धति, व्यवस्था, सीमितता, सेवाभाव, आधार, अनुशासन, विश्वसनीय, क्रमबद्ध।
Five 5	विभिन्नता, रचनात्मक स्वच्छंदता, यात्राएँ, परिवर्तनशील, अन्वेषक, परिवर्तनशील।
Six 6	घर परिवार की जिम्मेदारी, समता, प्रेम, देखभाल, संरक्षक, पोषक, बिरादरी भाई।
Seven 7	विश्लेषण, ज्ञान, विद्वता, सुबोध, विश्लेषक, अंतर्मुखी, आध्यात्मिक।
Eight 8	भौतिक संतुष्टि, अधिकार शक्ति, महत्त्वाकांक्षा, आदान-प्रदान।
Nine 9	मानवतावाद, स्वार्थहीनता, करुणा, आदर्शवाद, पूर्णता, सार्वभौमिक प्रेम।
Eleven11	आदर्शवाद, ज्ञानोदय, अंतर्ज्ञान, नायकत्व, भविष्यदर्शी, सहजज्ञानी, सूक्ष्मग्राही, सृजनकर्ता, प्रेरणादायक, आध्यात्मज्ञान का संदेश वाहक, मानव-निस्तारकर्ता।
Twnety Two 22	श्रेष्ठ निर्माता, व्यावहारिक, अपने प्रयत्न से श्रेष्ठता, श्रेष्ठ प्रबंधक, श्रेष्ठ योजना - रचयिता, भविष्यदृष्टा, कल्पना का वास्तविकता में रूपांतर, महत्त्वाकांक्षी, सहजज्ञानी, प्राकृतिक नायक, अनुशासित, विधिवत् कार्य प्रणाली।
Thirty Three 33	परमार्थवादी, निष्काम सेवा, अवतार, गूढ़ प्रकृति, कर्त्तव्य साधन, आत्मिक-पोषण, अंतर्ज्ञानी, संरक्षक, अनुरागी, न्यायधर्मयोद्धा, गुरुओं के गुरु।

Best Sellers by Pt. Gopal Sharma

7

जन्म दिवस का महत्व

लोशू-ग्रिड चार्ट का विश्लेषण करते समय जन्म दिवस पर विचार किया जाता है। प्रत्येक दिवस का अपना एक विशिष्ट गुण अथवा स्पन्दन होता है।

जन्म दिवस के स्पन्दन भी उतने ही महत्त्वपूर्ण हैं जितने कि भाग्यांक के। जन्म दिवस भाग्यांक की विशिष्टताओं का रूपान्तरण कर देता है। उदाहरणस्वरूप भाग्यांक 7 वाले जातक अंतर्मुखी व निश्चल होने चाहिए। किंतु यदि उनका जन्म 3, 12, 21 अथवा 30 तिथियों का हुआ है हो तो वे 3 की बाह्यमुखी व स्पष्टता की विशिष्टताओं से तनिक लाभान्वित होंगे और 7 भाग्यांक के जातकों की अपेक्षा अधिक मुखरित होंगे।

S	M	T	W	T	F	S
1	2	3	4	5	6	7
8	9	10	11	12	13	14
15	16	17	18	19	20	21
22	23	24	25	26	27	28
29	30	31				

आपके जन्म दिवस की विशिष्टताएँ

मास की प्रथम तारीख

मास की प्रथम तिथि को जन्मे जातकों को शुद्ध 1 की ऊर्जा प्राप्त होती है। युक्ति, जोश, स्वच्छन्दता एवं विश्लेषण की अतिरिक्त योग्यता का लाभ उन्हें प्राप्त होता है। अपनी किसी त्रुटि के उद्‌घाटित होने के भय से वे अपनी भावनाओं को दूसरे पर प्रकट करने की इच्छा पर काबू रखते हैं। वे जन्मजात नायक होते हैं और अपनी प्रवीणता के प्रदर्शन के लिए अवसर ढूँढते रहते हैं।

मास की दूसरी तारीख

मास के दूसरे दिन जन्मे जातक मित्रवत्, अनुरागी, सहायक आदर्शवादी, भावमय, अंतर्ज्ञानी और कभी-कभार चिड़चिड़े भी होते हैं यद्यपि वे मेलजोल पसंद करते हैं तथापि अधिक लोगों की भीड़ में वे बैचेन तथा कभी-कभी उदासीन हो जाते हैं। उन्हें दूसरों से सतत् प्रेरणा व सहयोग की आवश्यकता होती है। एकल कार्य करने के बजाए वे साझेदारी में कार्य करना ज्यादा पसंद करते हैं।

मास की तीसरी तारीख

मास के तीसरे दिन जन्मे जातक बाह्यमुखी, कल्पनाशील मिलनसार और स्पष्टवादी होते हैं। वे जीवन की समस्त खुशियों का आनन्द

ोते हैं और अत्यन्त लोकप्रिय होते हैं। वे योजनाएँ बनाने में श्रेष्ठ होते ं। परंतु उनको कार्यान्वित करने में ज्यादा ध्यान नहीं देते। वे चंचल होते ं और जीवन में एक से अधिक गम्भीर प्रेम-संबंध बनाते हैं। वे वाचाल ोते हैं और किसी भी ऐसे क्षेत्र में जहाँ इस विशिष्टता का इस्तेमाल किया ा सके, अधिक सफलता प्राप्त कर सकते हैं। अध्यापक, परामर्शकर्ता व ेल्समैन ऐसे क्षेत्रों के कुछ उदाहरण हैं।

मास की चौथी तारीख

मास के चौथे दिन जन्मे जातक सुव्यवस्थित लोग होते हैं जिन्हें ुनौतियाँ अच्छी लगती हैं। वे घर-परिवार व देश से भी गूढ़ प्रेम करते हैं। वे र्तव्यनिष्ठ और बहुत जिम्मेदार जातक होते हैं और अपनी आवश्यकताओं े लिए लम्बे समय तक परिश्रम करने के लिए सदैव तत्पर रहते हैं।

मास की 5वीं तारीख

मास के 5वें दिन जन्मे जातक परिवर्तनशील व बाह्यमुखी होते हैं। अपनी शक्तियों को केन्द्रिभूत करना उनके लिए आवश्यक होता है क्योंकि े प्रत्येक कार्य में हाथ डालने की कामना रखते हैं। ऐसे जातक समान विचारधारा वाले सहयोगियों से मेलजोल पसंद करते हैं और प्राय: व्यापार ें उन्नति करते हैं। वे मिलनसार, सुव्यवस्थित तथा तीक्ष्ण बुद्धि के स्वामी ोते हैं। उन्हें जीवन में स्वच्छन्दता व विविधता की आवश्यकता होती है।

मास की 6वीं तारीख

मास के 6वें दिन जन्मे जातक धनात्मक, सचेत, मुक्तहस्त व ानवतावादी होते हैं। दूसरों की सहायता करते हुए वे प्राय: प्रसन्नचित रहते ैं। शादी और पारिवारिक जीवन की जिम्मेवारियों का बोझ वहन करना ये सं करते हैं। वे अच्छी बुद्धि, तीव्र भावनाओं व कोमल हृदय के स्वामी ोते है और अपनी भावनाओं के प्रदर्शन से घबराते नहीं।

मास की 7वीं तारीख

मास के 7वें दिन जन्मे जातक संवेदनशील, विश्वसनीय व सहजज्ञानी होते हैं जो बात की तह तक पहुँचना पसंद करते हैं। वे एकाकी समय बिताना पसंद करते हैं किंतु किसी सोच-विचार अथवा शोध कार्य में समय व्यतीत करना इन्हें अच्छा लगता है। वे अपने मित्रों से बहुत गहराई से प्रेम करते हैं किंतु स्नेह के आदान-प्रदान में तनिक संकोच करते हैं। काम करने का उनका अपना अलग अंदाज होता है।

मास की 8वीं तारीख

मास के 8वें दिन जन्मे जातकों में व्यापार की ओर झुकने की प्रवृत्ति होती है। वे धन और वित्त संबंधी मामलों से सम्बद्ध रहना पसंद करते हैं और धन कमाने की अत्युत्तम विधियों को ईजाद करने में माहिर होते हैं। वे महत्त्वाकांक्षी, व्यावहारिक व प्रेरक शक्ति सम्पन्न होते हैं। वे अपने ध्येय के लिए कठिन परिश्रम करने के लिए तत्पर रहते हैं, विशेषत: यदि उन्हें लक्ष्य उपयुक्त प्रतीत हो।

मास की 9वीं तारीख

मास के 9वें दिन जन्मे जातक मूल रूप से मानवतावादी होते हैं जिनका नाजायज़ फायदा दूसरे लोग उठाते हैं, खासकर वो जो उनके सहज परिश्रम का पूर्वानुमान कर लेते हैं। वे साझेदारी एवं ब्याह आदि सम्बंधों में फँसा लिए जाते हैं जिनमें उनका योगदान प्रतिग्रहण से बहुत अधिक होता है। किंतु इसे शैक्षिक अनुभव का नाम दिया जा सकता है, क्योंकि वे प्राय: प्रतिदान की अपेक्षा नहीं करते। वे अत्यंत कल्पनाशील होते हैं और रचनात्मक क्षेत्रों में कार्य करने से सर्वाधिक प्रसन्न रहते हैं। वे आदर्शवादी, सहिष्णु व उदार विचारों के जातक होते हैं।

मास की 10वी तारीख

मास के 10वें दिन जन्मे जातक सकारात्मक, दृढ़ निश्चयी और रचनात्मक होते हैं जो स्वयं को और अपने विचारों का दूसरों तक प्रसारण करना चाहते हैं। उनमें एक ही समय में अनेक कार्यों का प्रबंधन करने की योग्यता होती है अतएव विश्राम के लिए समय निकालने के लिए उन्हें मजबूर करना पड़ता है। वे स्वच्छंद, महत्त्वाकांक्षी व विश्वस्त जातक होते हैं जो अपने यथार्थ विचारों को कभी प्रकट नहीं करते।

मास की 11वी तारीख

पिछले अध्याय में हमने विशिष्ट अंकों की विवेचना कर दी है। 11वें दिन जन्मे जातक नए विचारों का प्रक्षेपण करते हैं किंतु उन्हें व्यावहारिक रूप कभी-कभार ही प्रदान कर पाते हैं। ऐसे जातक तीव्र अन्तदृष्टि व चरम् सामर्थ्य के स्वामी होते हैं किंतु अपनी बेचैन व अत्यधिक भावुक प्रकृति के कारण अपने लक्ष्य प्राप्त करना उनके लिए दुष्कर होता है। उनकी भावनाएँ उन्हें शीघ्रतापूर्वक एक अति से दूसरी अति तक ले जाती है। फिर भी अपने विचारों से दूसरों को प्रेरणा प्रदान करने की सामर्थ्य उनमें होती है।

मास की 12वी तारीख

मास के 12वें दिन जन्मे जातकों को 3 की शक्ति का लाभ पहुँचता है (1+2=3) और साथ ही अंकद्वय 1 व 2 की विशिष्ट शक्तियों का भी। इसी कारण वे मास के तीसरे दिन जन्मे जातकों से कहीं अधिक जटिल प्रकृति के स्वामी होते हैं। वे स्वयं से और अपने विचारों से दूसरों को प्रभावित करने में अतिप्रवीण होते हैं। वे मनोहर व मनोरंजक प्रकृति के स्वामी तथा वार्तालाप करने में कुशल होते हैं। अपनी अद्‌भुत कल्पनाशीलता से वे वास्तविकता पर प्रायः मुलम्मा चढ़ा देते हैं तथापि अपनी विलक्षण कल्पनाशीलता को क्रियात्मक रूप प्रदान करने के हेतु उनमें प्रतिभा भी निहित होती है। वे तनिक अधीर होते हैं और शीघ्र परिणाम के इच्छुक होते हैं।

मास की 13वीं तारीख

मास के 13वें दिन जन्मे जातक परिश्रमी एवं व्यवस्थित प्रकृति के होते हैं जिनमें अत्यंत सफल होने की प्रतिभा होती है। वे चौकस, हठी, अनुशासित व दृढ़ प्रतिज्ञ होते हैं। समग्र योजना को नजरअंदाज करने की हद तक भी वे छोटे-छोटे विवरण की ओर ध्यान देने से नहीं चूकते। यद्यपि अन्ततः वे सफल हो जाते हैं, परन्तु कई बार वे प्रतिबन्धात्मक परिस्थितियों से निराश हो जाते हैं। यह एक कार्मिक अंक भी है। अपने जीवन में काफी परिश्रम करके ही प्रगति करते हैं।

मास की 14वीं तारीख

मास के 14वें दिन जन्मे जातक अनुकूलनीय, साहसिक व हिम्मती होते हैं और कुछ नया, लीक से हटकर करने के लिए सदैव उद्यत रहते हैं। वे सहज अंतर्ज्ञानी होते हैं। वे सुगमता से दूसरों का अनुकरण करने लगते हैं। इन्हें अल्कोहल, नशों व यौन संबंधी अतिचारों से बचना चाहिए। वे दूसरों के साथ मिलजुल कर कार्य करना पसंद करते हैं और आवश्यकता पड़ने पर अति कठिन परिश्रम भी कर सकते हैं किंतु प्रायः अधिक समय तक प्रायः नहीं।

मास की 15वीं तारीख

मास के 15वें दिन जन्मे जातक निष्ठावान और बुद्धिमान होते हैं। उनका झुकाव सृजनात्मक कार्यों की ओर होता है विशेषतः संगीत के क्षेत्र में। जब किसी को सहायता की आवश्यकता हो तो इन्हें इसकी सहज अनुभूति हो जाती है और वे सहायता का हाथ बढ़ाने में कभी भी परहेज नहीं करते। वे अनुरागी और भावपूर्ण होते हैं और उनके साथ चलना सरल होता है। वे क्रमशः जीवन का फलसफा अथवा दृढ़ निष्ठा निर्मित कर लेते हैं। वे प्रायः तकनीकी अथवा वैज्ञानिक विषयों में रुचि रखते हैं और शोधकार्य के माध्यम से स्वयं परिणाम पर पहुँचना पसंद करते हैं।

मास की 16वीं तारीख

मास के 16वें दिन जन्मे जातक प्राय: अपने में मस्त रहने वाले तथा जीवन की ड़गर पर संभल संभल का चलने वाले होते हैं। उन्हें अपने विचार व्यक्त करने में परेशानी रहती है तथा वे मुश्किल परिस्थितियों का सामना करना पसन्द नहीं करते मुक्त प्यार करना भी उन्हें नहीं भाता। धीरे-धीरे जीवन की एक विशिष्ट शैली बना लेना, तकनीकी तथा वैज्ञानिक विषयों में शोध तथा प्रयोग करना इन्हें बहुत पसन्द है।

मास की 17वीं तारीख

मास के 17वें दिन जन्मे जातक वित्त संबंधी कार्यों में प्रवीण होते हैं। वे अपने ध्येय को प्राप्त करने के लिए दृढ़ निश्चयी होते हैं और नियमित रूप से कार्य कर अंत में वे अपने ध्येय को अवश्य ही प्राप्त कर लेते हैं यद्यपि उनकी राह में कई रुकावटें आती हैं। वे विश्वस्त, विश्वसनीय व यथार्थवादी होते हैं और उनमें बड़ी-बड़ी योजनाओं पर कार्य करने की सहज योग्यता निहित होती है।

मास की 18वीं तारीख

मास के 18वें दिन जन्मे जातक योग्य प्रशासक व सच्चे मानवतावादी होते हैं। प्राय: वे इन गुणों को जीवनवृत्ति में आत्मसात कर जनकल्याणकारी क्षेत्रों में कार्य करते हैं। दूसरों की सहायता करने के इच्छुक होने के बावजूद, उनके अपने जीवन में प्राय: उलझनें होती हैं। अतएव उन्हें यह सीखने की आवश्यकता है कि परोपकार अपने घर से आरम्भ होता है। वे सहिष्णु, भावपूर्ण व हमदर्द जातक होते हैं और मुश्किलों को हल करने के हेतु सृजनात्मक तरीकों का प्रयोग करते हैं।

मास की 19वीं तारीख

मास के 19वें दिन जन्मे जातक जिम्मेदार, आदर्शवादी और महत्त्वाकांक्षी होते हैं। कभी-कभार उनकी भावनाएँ जो सदैव तर्क पर

हावी रहती हैं, उनका सिर झुकने का कारण बनती हैं। वे बहुमुखी प्रतिभ के स्वामी होते हैं और ऐसी कार्य प्रणाली पसंद करते हैं जिसमे दूसरों क दखलअंदाजी न हो। वे ऊर्जावान जातक होते हैं और कई घण्टों तक निरन्त कार्य कर सकने की क्षमता रखते हैं।

मास की 20वीं तारीख

मास के 20वें दिन जन्मे जातक मित्रवत् व स्पष्टवक्ता होते ह और उनके साथ चल पाना सुगम होता है। वे शांत जीवन को वरीयता दे हैं और जहाँ तक सम्भव हो आधुनिक जीवन की धक्कापेल से दूर रह हैं। वे बहुधा लेखन के माध्यम से स्वाभिव्यक्ति करते हैं। इन्हें घर-परिवा व इष्टमित्रों का सहयोग न मिलने पर ये चिड़चिड़े हो सकते हैं।

मास की 21वीं तारीख

मास के 21वें दिन जन्मे जातक बुद्धिमान, सृजनात्मक प्रतिभा व मनोरंजक प्रकृति के स्वामी होते हैं। तथापि उनकी प्रवृत्ति छोटी-छोटी बात पर चिंता करने की होती है और वे प्रायः चिड़चिड़े व उद्विग्न हो जाते हैं वे प्रसन्नता के अतिरेक व नैराश्य की भावना के मध्य विचरते रहते हैं अपने सुभाषण के विशिष्ट गुण के कारण वे किसी भी ऐसी कार्यप्रवृत्ति म सफलता प्राप्त कर सकते हैं जिसमें उनके इस गुण की आवश्यकता हो।

मास की 22वीं तारीख

चूँकि 22 एक श्रेष्ठांक है, मास के 22वें दिन जन्मे जातक अत्यं सामर्थ्यवान होते हैं, किंतु उन्हें अपने जीवन में गम्भीर रूप से ऊँच-नीच का सामना करना पड़ता है। और यह इसलिए कि जिन स्पन्दन तथा ऊजाअ तक उनकी पहुँच होती है शेष जातक उनका कभी-भी अनुभव नहीं क पाते, फलस्वरूप उन्हें कभी-कभी कायिक अथवा बौद्धिक शक्तियों क ह्रास का दुःख सहना पड़ता है। तथापि जीवन के उत्तरार्ध में प्रायः वे औ

लोगों की अपेक्षा अधिक मनोरथ प्राप्त कर लेते हैं। वे अतीन्द्रिय ज्ञानयुक्त किंतु उद्विग्नता की ओर उन्मुख जातक होते हैं।

मास की 20वीं तारीख

मास के 20वें दिन जन्मे जातक मित्रवत् व स्पष्टवक्ता होते हैं और उनके साथ चल पाना सुगम होता है। वे शांत जीवन को वरीयता देते हैं और जहाँ तक सम्भव हो आधुनिक जीवन की धक्कापेल से दूर रहते हैं। वे बहुधा लेखन के माध्यम से स्वाभिव्यक्ति करते हैं। इन्हें घर-परिवार व इष्टमित्रों का सहयोग न मिलने पर ये चिड़चिड़े हो सकते हैं।

मास की 21वीं तारीख

मास के 21वें दिन जन्मे जातक बुद्धिमान, सृजनात्मक प्रतिभा व मनोरंजक प्रकृति के स्वामी होते हैं। तथापि उनकी प्रवृत्ति छोटी-छोटी बातों पर चिंता करने की होती है और वे प्रायः चिड़चिड़े व उद्विग्न हो जाते हैं। वे प्रसन्नता के अतिरेक व नैराश्य की भावना के मध्य विचरते रहते हैं। अपने सुभाषण के विशिष्ट गुण के कारण वे किसी भी ऐसी कार्यप्रवृत्ति में सफलता प्राप्त कर सकते हैं जिसमें उनके इस गुण की आवश्यकता हो।

मास की 22वीं तारीख

चूँकि 22 एक श्रेष्ठांक है, मास के 22वें दिन जन्मे जातक अत्यंत सामर्थ्यवान होते हैं, किंतु उन्हें अपने जीवन में गम्भीर रूप से ऊँच-नीच का सामना करना पड़ता है। और यह इसलिए कि जिन स्पन्दन तथा ऊजाओं तक उनकी पहुँच होती है शेष जातक उनका कभी-भी अनुभव नहीं कर पाते, फलस्वरूप उन्हें कभी-कभी कायिक अथवा बौद्धिक शक्तियों के ह्रास का दु:ख सहना पड़ता है। तथापि जीवन के उत्तरार्ध में प्रायः वे और लोगों की अपेक्षा अधिक मनोरथ प्राप्त कर लेते हैं। वे अतीन्द्रिय ज्ञानयुक्त किंतु उद्विग्नता की ओर उन्मुख जातक होते हैं।

मास की 23वीं तारीख

मास के 23वें दिन जन्मे जातक संवेदनशील, हमदर्द, बुद्धिमा व स्वच्छंद लोग होते हैं, जो दूसरों की सहायता करना पसंद करते हैं। व बहुमुखी प्रतिभा के स्वामी होते हैं और हर प्रकार की चुनौतियों का सामन करना पसंद करते हैं।

मास की 24वीं तारीख

मास के 24वें दिन जन्मे जातक स्वयं के साथ साथ दूसरों का भ ध्यान रखने वाले, उत्साही व उद्देश्यपूर्ण लोग होते हैं। अपने लक्ष्य प्राप करने के हेतु अपनी सकारात्मक, बल्कि नाटकीय, कार्यशैली से वे संक्षिप्त समय में कर्मफल प्राप्त कर लेते हैं, जिसके लिए और लोग वर्षों लगा दे हैं।

मास की 25वीं तारीख

मास के 25वें दिन जन्मे जातक सहजज्ञान युक्त, भद्र लोग हो हैं । इन लोगों को एकाकी रहने के लिए समय की अपेक्षा होती है। उनवे हृदय को ठेस शीघ्र पहुँचने के कारण उनमें सिकुड़ने की प्रवृत्ति होती है उनसे निकटपन एक कठिन कार्य है, किंतु एक बार उनसे मित्रता हो जा तो सदैव अटूट रहती है।

मास की 26वीं तारीख

मास के 26वें दिन जन्मे जातक हठी व दुराग्रही होते हैं किंतु उद्देश्य प्राप्ति के लिए प्रेरणायुक्त भी होते हैं। सामान्य धारणा को अपना कर उससे धन कमाने में यह जातक दक्ष होते हैं। कभी-कभी वे अत्यंत मुक्त हस्त भी होते हैं।

मास की 27वीं तारीख

मास के 27वें दिन जन्मे जातक दृढ़ निश्चयी, विश्वसनीय व आवेगपूर्ण होते हैं। वे परिवर्तन और विविधता तो पसंद करते ही हैं, साथ ही उत्तरदायित्व व दूसरों की सेवा करने के अवसरों की ताक में भी रहते हैं।

मास की 28वीं तारीख

मास के 28वें दिन जन्मे जातक स्नेहशील व स्वच्छंदता पसंद होते हैं। वे किसी का हुक्म मानना पसंद नहीं करते और प्राय: आदेशात्मक होकर ही प्रसन्नचित रहते हैं।

मास की 29वीं तारीख

मास के 29वें दिन जन्मे जातकों में 2 और 9 दोनों की ऊर्जा निहित होती है किंतु वे 11 की श्रेष्ठतर शक्ति भी प्राप्त करते हैं। फलस्वरूप इनके जीवन में प्राय: ऊँच-नीच चलती रहती है। इनकी सामर्थ्य का ज्ञान इनके अपने सिवाए हरेक को होता है। वे प्रेरणायुक्त स्वप्नदर्शी होते हैं जिन्हें अपने सपनों को यथार्थ का रंग देना दुष्कर प्रतीत होता है।

मास की 30वीं तारीख

मास के 30वें दिन जन्मे जातक बुद्धिमान, सृजनात्मक व स्नेहशील प्राणी होते हैं, किंतु प्रेरणाशक्ति का अभाव होने के कारण यह अपनी विशिष्ट योग्यता का उपयोग करने के स्थान पर अपनी आकर्षण-शक्ति से काम चलाते हैं। वे साझेदारी के कार्यों में अधिकतम सफलता प्राप्त करते हैं, जहाँ उनके साथी उन्हें सतत् प्रोत्साहन प्रदान करके उन्हें कार्य के लिए तत्पर करते रहते हैं।

मास की 31वीं तारीख

मास के 31वें दिन जन्मे जातक व्यवसाय, संगठन व प्रबंधन के कार्यों में कुशल होते हैं। वे प्राय: निम्न पदों से जीवन-वृत्ति आरम्भ कर के एकाग्रता पूर्वक कार्य करते हुए क्रमश: ऊँचे पदों पर पहुँच जाते हैं। वे मित्रता की कद्र करते हैं और आवश्यकता के अनुरूप दूसरों की सहायता करने के लिए तत्पर रहते हैं। वे उत्तम स्मरण-शक्ति के स्वामी भी होते हैं और उपकार तथा तिरस्कार दोनों को ही नहीं भूल पाते।

8

लोशू–ग्रिड के बाण

इस अध्याय में आप लक्ष्मी यंत्र के बाणों के विशिष्ट प्रभाव के विषय में जानेगे। उनमें विभिन्न अंक अंतर्भूत हैं। इस विज्ञान के अनुसार विभिन्न बाणों के आशय निम्न प्रकार से हैं।

इस तंत्र में प्रायः तीन प्रकार के बाण पाए जाते हैं। उपस्थित अंक जोकि उर्ध्वाधर (Vertically), क्षैतिज से (Horizontally) अथवा कर्णवत् (Diagonally) पंक्ति का निर्माण करते हैं – उन्हें सकारात्मक बाण कहा जाता है। ऐसे अंक जो सर्वथा अनुपस्थित हैं – उर्ध्वाधर, क्षैतिज अथवा कर्णवत् – उन्हें नकारात्मक बाण कहा जाता है। इसी अध्याय के अंतर्गत उपरोक्तलिखित सकारात्मक और नकारात्मक बाणों के अतिरिक्त चार लघु बाण भी पाए गए हैं जो कि बाह्य लम्बवत्, क्षैतिज पंक्तियों के मध्य के चार अंकों द्वारा निर्मित होते हैं।

8.1 सकारात्मक बाण

अब सर्वप्रथम हम सकारात्मक बाणों का विश्लेषण करें
जिनमें कि निम्नलिखित बाण अंतर्भूत हैं :

सकारात्मक बाण

2 5 8	दृढ़ निश्चय
4 5 6	भावनात्मक संतुलन
3 5 7	आध्यात्मिकता
4 9 2	बुद्धि
8 1 6	समृद्धि
4 3 8	योजना निर्माता
9 5 1	संकल्प-शक्ति
2 7 6	कर्मठता

3.1 (a) दृढ़ निश्चय का बाण

इस बाण की सृष्टि 8, 5 व 2 अंकों द्वारा होती है। इस बाण वाले जातक धैर्यशील, अध्यवसायी व दृढ़ संकल्प वाले होते हैं। वे उचित समय की ताक में रहते हैं और निर्णयात्मक तरीके से सक्रिय होते हैं। वे अपने लक्ष्य को कभी भी नजरअंदाज नहीं करते।

28 मई, 1976 को जन्मे जातक के चार्ट में दृढ़ निश्चय के सकारात्मक बाण की उपस्थिति होगी।

	9	2
	5	7
8	1	6

May 28th, 1976

दृढ़ निश्चय के बाण का चार्ट

8.1(b) भावनात्मक संतुलन का बाण

इस बाण की सृष्टि 4, 5 व 6 अंकों द्वारा होती है। इस बाण के जातक करुणाशील व चौकस लोग होते हैं जो प्रायः ऐसी आजीविका अपनाते हैं जिसमें वे दूसरों की सहायता कर सकें। वे संवेदनशील होते हैं और प्रायः अन्तर्ज्ञानी भी। दूसरों की आवश्यकता को समझने की दैवी-शक्ति के स्वामी होते हैं। अपनी किशोरावस्था में वे शर्मीले प्रतीत होते हैं, बाल्यकाल में भी शांत, भद्र व मृदुता से व्यवहार करने वाले होते हैं।

15 अप्रैल, 1966 को जन्मे जातक के चार्ट में भावनात्मक संतुलन के सकारात्मक बाण की अवस्थिती होती है।

8.1(c) आध्यात्मिकता का बाण

यह बाण विशेष रूप से दिलचस्प है क्योंकि यह 3, 5 व 7 अंकों के द्वारा निर्मित है। यह मध्य क्षैतिज पंक्ति में रहता है। यह जातक के भावनात्मक व आध्यात्मिक पहलुओं के महत्त्व को प्रदर्शित करता है। यह जीवन के प्रति गम्भीर रुख को इंगित करता है और आंतरिक शांति व निश्चलता का परिचायक भी है – ऐसे गुण जो मध्य आयु से पूर्व प्रायः कम ही प्रकट होते हैं।

17 मार्च, 1953 को जन्मे जातक के चार्ट में आध्यात्मिकता के सकारात्मक बाण की उपस्थिती होगी।

आध्यात्मिकता के बाण का चार्ट

8.1(d) बुद्धि का बाण

प्रथम क्षितिज पंक्ति के अंकों 4, 9 और 2 के द्वारा इस बाण की सृष्टि होती है। इन अंकों की उपस्थिति जातक को बौद्धिक सामर्थ्य व उत्तम स्मरण शक्ति प्रदान करती है। यह बाण उन जातकों से संबद्ध है जो स्पष्ट, न्यायसंगत व विश्लेषण में निपुण होते हैं, किंतु कभी-कभी स्वयं को दूसरों से उत्कृष्ट समझते हैं।

12 अप्रैल, 1979 को जन्मे जातक के चार्ट में बुद्धि के बाण की अवस्थिति होगी।

4	99	2
		7
	11	

April 12th, 1979

बुद्धि के बाण का चार्ट

3.1(e) समृद्धि का बाण

निम्न क्षितिज पंक्ति में स्थित यह बाण 8, 1 व 6 के अंकों से बना है।

समृद्धि बाण वाले जातक व्यापार और वाणिज्य सम्बंधी कार्यों में उत्तमता का प्रदर्शन करते हैं। वे जीवन के उच्चतर गुणों में प्राय: कोई रुचि नहीं रखते, केवल मात्र धन कमाने में ही रुचि रखते हैं।

समृद्धि के बाण वाले ऐसे जातक जिनकी ऊर्ध्व क्षैतिज पंक्ति (Top horizontal row) में कोई अंक नहीं होता कम मिलनसार, खूब सोच विचार कर कार्य करने वाले व संवेदनशील होते हैं। वे अच्छी मात्रा में भौतिक सफलता तो प्राप्त करते हैं किंतु ऐसा वे प्राय: दूसरों की संवेदनाओं व आवश्यकताओं की उपेक्षा कर के करते हैं।

18 जून, 1974 को जन्मे जातक के चार्ट में समृद्धि के बाण की उपस्थिति होगी।

4	9	
		7
8	11	6

June 18th, 1974

समृद्धि के बाण
का चाट

8.1(f) योजना–निर्माण का बाण

यह बाण प्रथम पंक्ति के 4, 3 व 8 अंकों द्वारा बना है। योजना सामर्थ्य के इस बाण का मूल आशय ऐसे व्यक्ति से है जो कि चतुर और चालाक है और इनमें सदाचारी की भावनाऐं भी कम पाई जाती हैं। इन विशिष्टताओं के फलस्वरूप इसे राजनीतिज्ञ बाण भी कहा जाता है, अब चाहे यह वाजिब हो अथवा नावाजिब। अपने बनाये नियम उचित मानते है, जबकि दूसरे के बनाये नियमों को चाहे वे सही ही हो, अनुचित मानते है।

18 मई, 1943 को जन्मे जातक के चार्ट में योजना–निर्माता के बाण की उपस्थिति होगी।

May 18th, 1943

योजना निर्माण के बाण का चार्ट

3.1(g) संकल्प-शक्ति का बाण

यह बाण 1, 5 व 9 अंकों द्वारा निर्मित है। इस बाण वाले जातक जिद्दी व हटट्ी अध्यवसायी व इरादे के पक्के होते हैं। बहस करना उनकी आदत होती है और विभिन्न विषयों पर वे ठोस विचार रखते हैं। यह बाण सफलता का प्रतीक माना जाता है, क्योंकि इसके जातक दृढ़ता से अपने कार्य में लगे रहते हैं जब तक कि वे निर्धारित लक्ष्य तक नहीं पहुँच जाते।

15 सितम्बर, 1955 को जन्मे जातक के चार्ट में संकल्प-शक्ति के बाण की अवस्थिति होगी।

	99	
	555	
	11	

Sep. 15th, 1955

संकल्प शक्ति के बाण का चार्ट

8.1(h) कर्मठता का बाण

इस बाण का मुख्य संदेश है – सक्रियता। यह बाण अंतिम लम्बवत् पंक्ति के 6, 7 व 2 अंकों द्वारा बना है।

इस बाण के जातक सक्रिय रहना चाहते हैं और शारीरिक गतिविधियाँ (Physical activities) पसंद करते हैं। वे व्यायाम करना व खेलों में हिस्सा लेना भी पसंद करते हैं। उनके पास शक्ति का विशाल भंडार होता है और वे इस शक्ति का उपयोग जोखिम के कार्यों में करके, सर्वाधिक प्रसन्नता का अनुभव करते हैं। कर्म करने पर जोर देते है।

12 जुलाई, 1960 को जन्मे जातक के चार्ट में कर्मठता के बाण की उपस्थिति होगी।

July 12th, 1960

कर्मठता के बाण का चार्ट

8.2 नकारात्मक बाण

नकारात्मक बाण

अब हम नकारात्मक बाणों का विश्लेषण करेंगे, जिनमें कि निम्नलिखित बाण अंतभूर्त हैं :

2 5 8	निराशा
4 5 6	शंका
3 5 7	एकाकीपन
2 7 6	उदासीनता
4 3 8	अव्यवस्था
8 1 6	हानिया
9 5 1	अनिश्चय
4 9 2	मंद स्मरण–शक्ति

8.2(a) निराशाओं का बाण

निराशाओं का बाण विकर्ण (Diagonal) बाण है जो कि 8, 5 व 2 अंकों की अनुपस्थिति से बनता है।

यह बाण बहुत सी निराशाओं व असफलताओं को इंगित करता है। पूर्व में इसे निरंतर असफलता का प्रतीक समझा जाता है। इस बाण के जातकों को प्रत्येक अनुभव से शिक्षा लेनी चाहिए और कोई कार्य करने से पहले सोच-विचार कर लेना चाहिए।

19 जून, 1974 को जन्मे जातक के चार्ट में निराशाओं के बाण की उपस्थिति होगी।

June 19th, 1974

निराओं के बाण
का चार्ट

3.2(b) शंका का बाण

यह बाण 4, 5 व 6 अंकों की अनुपस्थिति से बनता है। यह बाण ऐसे जातकों को इंगित करता है जो कि शंकालु, सनकी व चिड़चिड़े होते हैं। चिंता करना उनका स्वभाव होता है और वे जीवन के ऋणात्मक पहलुओं पर ध्यान केन्द्रित रखते हैं। यह बाण ऐसे व्यक्ति का परिचायक है जो अंधेरे में रहने का आदी हो और दिन के प्रकाश में कम निकलता हो। (जीवन की वास्तविकताओं का सामना न करना)

12 जुलाई, 1982 को जन्मे जातक के चार्ट में शंका के बाण की उपस्थिति होगी।

July 12th, 1982

शंका के बाण का चार्ट

8.2(c) एकाकीपन का बाण

मध्य क्षैतिज (Horizontal) पंक्ति में अंकों 3, 5 व 7 की अनुपस्थिति से यह बाण निर्मित होता है। यह बाण संवेदनहीनता को इंगित करता है। इस बाण के जातक अपना ध्येय प्राप्त करने में इतने तत्पर होते हैं कि वे अपने परिवार व इष्ट-मित्रों को भूल जाते हैं जिसके फलस्वरूप उनके जीवन में आनन्द, प्रेम व हँसी-खुशी का अभाव सा होता है। बड़ी उम्र में वे प्रायः एकाकीपन से अत्यधिक कष्ट सहते हैं। ये लोग भावनात्मक नहीं होते है या फिर बेहद भावुक होते है।

28 अगस्त, 1986 को जन्मे जातक के चार्ट में एकाकीपन के बाण की उपस्थिति होगी।

एकाकीपन के बाण
का चार्ट

3.2(d) उदासीनता का बाण

अंतिम खड़ी पंक्ति में 2, 7 व 6 अंकों की अनुपस्थिति से इस बाण का निर्माण होता है। इस बाण के जातकों में प्रेरक शक्ति का अभाव होता है और अवसर दिए जाने पर भी वे उसका लाभ नहीं उठा पाते हैं। ये लोग हर समय अनिश्चय की भावना से ग्रसित होते हैं व जोखिम लेने से घबराते हैं। अतएव वे अपनी सामर्थ्य का प्रायः अंशमात्र उद्देश्य ही प्राप्त कर पाते हैं।

14 मई ,1983 को जन्मे जातक के चार्ट में उदासीनता के बाण की उपस्थिति होगी।

4	9	
3	5	
8	11	

May 14th, 1983

उदासीनता के बाण का चार्ट

8.2(e) अव्यवस्था का बाण

यह बाण चार्ट में 8, 3 व 4 अंकों के अभाव से बनता है। इसकी स्थिति बाँयी खड़ी पंक्ति में होती है।

इस बाण वाले जातक दूरदर्शी, विचारक, क्रमबद्ध व व्यवस्थित नहीं होते हैं। वे लम्बे अर्से की योजनाएँ न बनाकर अपना सामान्य जीवन जीते हैं और योजना बनने पर वे उसकी सफलता से पूर्व ही उसमें कोई बिगाड़ पैदा कर लेते हैं।

12 जुलाई, 1975 को जन्में जातक के चार्ट में अव्यवस्था के बाण की उपस्थिति होगी।

	9	2
	5	77
	11	

July 12th, 1975

अव्यवस्था के बाण का चार्ट

8.2(f) हानियों का बाण

निम्न क्षैतिज पंक्ति में 8, 1 व 6 अंकों के अभाव से इस बाण का निर्माण होता है। हालांकि पिछले एक हज़ार वर्षों से किसी भी जातक के चार्ट में इस बाण की उपस्थिति नहीं रही, किंतु 21वीं सदी में यह फिर से प्रगट होगा। इसके जातक 'तुरंत अमीर बनिए' जैसी योजनाओं में भाग लेकर धन कमाने का यत्न करेंगे और निरंतर इस अध्यवसाय में असफल होंगे। किंतु वे मध्य आयु के पूर्व इस यथार्थ को देख नहीं पाएँगे। यदि वही प्रयत्न वे किसी एकल और उचित लक्ष्य को पाने के लिए करें तो वे सफल हो सकते हैं।

April 23rd, 2035

हानियों के बाण का चार्ट

8.2(g) अनिश्चय का बाण

मध्य खड़ी पंक्ति में 1, 5 व 9 अंकों के अभाव से इस बाण का निर्माण होता है। इस बाण की उपस्थिति भी पिछले एक हज़ार वर्ष से किसी चार्ट में नहीं रही किंतु 21वीं सदी में हम इसे फिर से देख सकेंगे। इस बाण के जातकों में यह जोरदार लालसा होती है कि वे दूसरों द्वारा स्वीकारे व पसंद किए जाएँ। फलस्वरूप वे दूसरों से जल्द प्रभावित हो जाते हैं और उनके अनुयायी बन जाते हैं। प्रत्येक व्यक्ति को प्रसन्न करने की अपनी प्रवृत्ति के कारण वे अपने सिद्धांतों के लिए खड़े होने में कठिनता का अनुभव करते हैं और दूसरे लोगों द्वारा अस्वीकृत कर देने के भय से अपने विचार प्रकट करने से कतराते हैं।

8 जुलाई, 2002 को जन्मे जातक के चार्ट में अनिश्चय के बाण की उपस्थिति होगी। 23 अप्रैल, 2035 को जन्मे जातक के चार्ट में हानियों के बाण की उपस्थिति होगी।

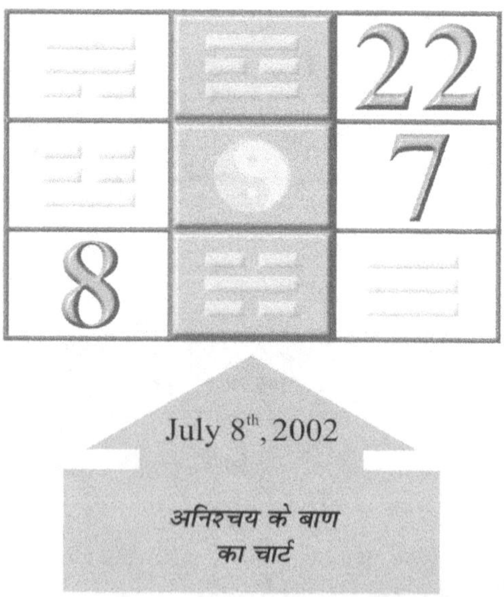

अनिश्चय के बाण का चार्ट

3.2(h) मंद स्मरण-शक्ति का बाण

सर्वोच्च क्षैतिज पंक्ति में 4, 9 व 2 अंकों की अनुपस्थिति से इस बाण का निर्माण होता है। यह बाण 31वीं सदी से पूर्व प्रकाशित नहीं हो पाएगा। पिछली सदी में जन्मे प्रत्येक जातक के चार्ट में 9 की उपस्थिति रही है और अगले एक हज़ार वर्षों में जन्म लेने वाले प्रत्येक जातक के चार्ट में 2 की उपस्थिति रहेगी। इस बाण वाले जातक जीवन-यात्रा उत्तम बौद्धिक सामर्थ्य के साथ प्रारम्भ करते हैं जोकि आयु बढ़ने के साथ क्रमशः कम होती जाती है। ये जातक बहुधा अपने विचारों की सजीव प्रकृति से व्याकुल रहते हैं और मानसिक अवसाद से ग्रसित हो सकते हैं।

6 मई, 3087 को जन्मे जातक के चार्ट में मंद स्मरण-शक्ति के बाण की उपस्थिति होगी।

बाह्य क्षैतिज व खड़ी पंक्तियों के चार मध्य अंकों की संधि से चार लघु बाणों का निर्माण होता है। यह वे बाण हैं जो 1 से 3, 3 से 9, 9 से 7 और 7 से 1 अंकों को जोड़ते हैं।

मंद स्मरण-शक्ति के बाण का चार्ट

8.3 लघु बाण

सामर्थ्य व दुर्बलता के बाणों का विश्लेषण करने के बाद हम चा लघु बाणों पर विचार करेंगे।

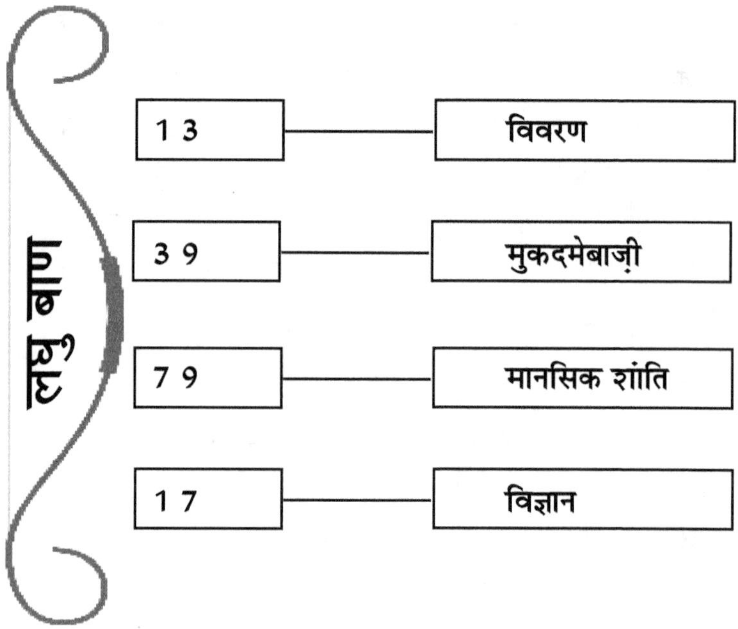

बाह्य क्षैतिज व खड़ी पंक्तियों के चार मध्य अंकों की संधि स चार लघु बाणों का निर्माण होता है। यह वे बाण हैं जो 1 से 3, 3 से 9 9 से 7 और 7 से 1 अंकों को जोड़ते हैं।

3.3(a) सूक्ष्मताऔर मक्कारी का बाण

चार्ट में 1 और 3 की उपस्थिति से इस बाण का निर्माण होता है। इस बाण के जातक बहुत सी बातों की तफसील जानते हैं। वास्तविकता यह है कि यदि चार्ट में इन अंकों की संख्या एक से अधिक हो तो जातक में परिपूर्णता की प्रवृत्ति होती है। किंतु इस बाण का एक ऋणात्मक पहलू भी है – इसके जातक अपनी आवश्यकता के अनुसार बेईमान भी हो सकते हैं। वे स्वयं को बचाने के लिए सत्य को छिपा सकते हैं।

23 मार्च, 1967 को जन्मे जातक के चार्ट में विवरण का बाण होगा।

	9	2
33		7
	1	6

Mar. 23rd, 1967

तफसील और मक्कारी
के बाण का चार्ट

8.3(b) मुकदमेबाज़ी का बाण

चार्ट में 3 व 9 अंकों की उपस्थिति से इस बाण की उत्पत्ति होती है। इस बाण वाले जातकों में मिथ्या बहस करने की प्रवृत्ति होती है जिसके कारण वे हर प्रकार के झगड़े में फँस जाते हैं। यदि यह झगड़े गम्भीर रूप धारण कर लें तो इनका फैसला कोर्ट-कचहरी में ही होता है। इसी कारण इस बाण को मुकदमेबाज़ी का बाण कहा जाता है।

3 जुलाई, 1985 को जन्मे जातक के चार्ट में मुकदमेबाज़ी के बाण की उपस्थिति होगी।

	9	
3	5	7
8	1	

July 3rd, 1985

मुकदमेबाजी के बाण
का चार्ट

8.3(c) मानसिक शांति का बाण

चार्ट में 9 व 7 अंकों की उपस्थिति से इस बाण का निर्माण होता है। इसके जातक सकारात्मक, आत्मविश्वासी व पक्के विश्वास वाले होते हैं। 9 की विचार शक्ति तथा 7 की आध्यात्मिकता एक-दूसरे की पूरक होती हैं। ऐसे लोग शांत चित्तता से मुश्किल हालातों का सामना कर सकते हैं - क्योंकि इन्हें यह विश्वास होता है कि अंतिम परिणाम अच्छा ही होगा।

8 जुलाई, 1966 को जन्मे जातक के चार्ट में मानसिक शांति का बाण होगा।

July 8th, 1966

मानसिक शांति के बाण का चार्ट

8.3(d) विज्ञान का बाण

ऐसे जातक जिनके चार्ट में 1 व 7 अंक होते हैं, वे इस संसार के रहस्यों को उजागर करने में रुचि रखते हैं। वे गुप्त सत्यों की खोज करना पसंद करते हैं और अपने अध्ययन में इतने व्यस्त हो जाते हैं कि अपने शोधकार्य तक ही सीमित रह जाते हैं। वे प्राय: विज्ञान में रुचि लेते हैं (बहुधा महासागरों से सम्बद्ध) जिसके कारण इस बाण को यह नाम प्राप्त हुआ।

27 मई, 1974 को जन्मे जातक के चार्ट में विज्ञान का बाण होगा।

4	9	2
	5	77
	1	

May 27th, 1974

विज्ञान के बाण का चार्ट

9

सामंजस्य

व्यक्तित्व निरूपण और भविष्य दिशा ज्ञान के हेतु विलक्षण विधि दान करता है। यह विधि अनुरूपता निर्धारण करने के लिए भी विशेष रूप से उपयोगी है।

हमारा दृढ़ विचार है कि यदि दोनों पक्षों में प्रेम व सद्भावना ो तो किसी भी संबंध को सफल बनाया जा सकता है। कुछ संबंध भविश्वसनीय रूप से मधुर हो जाते हैं बिना प्रत्यक्ष यत्न के ही जबकि कुछ दूसरों को सतत् यत्न करना पड़ता है। सब संबंधों में स्वाभाविक रूप ने यत्न की आवश्यकता होती है, किंतु कुछेक में दूसरों से बहुत अधिक यत्न की आवश्यकता होती है। बदकिस्मती से अधिकांश प्रयास प्रायः एक ही सहभागी द्वारा किए जाते हैं। लोशू ग्रिड का इस्तेमाल करके हम उचित साथी ढूँढ सकते हैं और गलती करने से बच सकते हैं।

बहुत समय पहले हमारा एक मित्र अंकशास्त्र की एक कक्षा को पढ़ा रहा था। कुछ समय पहले ही वह एक दुःखदायी तलाक के दौर से गुज़रा था और अपने जीवन को व्यवस्थित करने का यत्न कर रहा था। अनुरूपता के विषय में बोलते समय उसने अपनी एक महिला विद्यार्थी से उसकी जन्मतिथि पूछी। बोर्ड पर लिखते हुए वह बोला, "ओह, तुम तो मेरे लिए सर्वोत्कृष्ट रहोगी।" तब उसने विद्यार्थी के चार्ट के साथ ही अपना चार्ट भी बनाया और कक्षा को बताने लगा कि यह संबंध किस प्रकार चलेगा। कक्षा समाप्त होने के पश्चात् वह महिला विद्यार्थी को काफी पिलाने ले गया और 1 वर्ष के पश्चात् उनकी शादी हो गई। हमारे मित्र की मृत्यु दो

वर्ष पूर्व हो गई है, किंतु जीवन के अंतिम बारह वर्ष उसके लिए सर्वाधिक प्रसन्नतादायक थे क्योंकि उसे आखिर में उचित साथी मिल गया था। यद्यपि वह पेशेवर अंकशास्त्री था, फिर भी अपने पूर्व सम्बंधों को आँकने के लिए अंकशास्त्र का इस्तेमाल नहीं किया था। अंकशास्त्र की कक्षा में उसने स्वयं के तथा अपनी होने वाली पत्नी के चार्टों की अनुरूपता का निरूपण उसका नाम जानने से भी पहले कर लिया था ।

अनुरुपता निर्धारण हेतु चीनी तरीका बहुत सुगम है। इसके तीन पग हैं :

1 हम यह सुनिश्चित करते हैं कि प्रत्येक व्यक्ति की जन्मतिथि से निर्मित चार्ट मिलते-जुलते हैं और एक साथी का चार्ट दूसरे साथी के चार्ट में अनुपस्थित अंकों का पूरक है।

2 हम उनके भाग्यांकों पर दृष्टि डालकर यह देखते हैं कि वे कितने अनुरूप हैं।

3 हम उनके व्यक्तिगत वर्षों पर नज़र डालकर यह जाँच करते हैं कि दोनों व्यक्ति जीवन की डगर पर कदम मिलाकर चल सकते हैं अथवा नहीं।

आदर्श रूप से तो हम चाहेंगे कि दोनों व्यक्तियों के चार्ट समरूप हों, किंतु एक चार्ट में वह अंक होना आवश्यक है जो दूसरे चार्ट में नहीं है निम्न चित्र इसका अच्छा उदाहरण प्रस्तुत करता है। राजन, जोकि पति है 27 जनवरी, 1948 को पैदा हुआ था और उसकी पत्नी अनीता 2 वर्ष पश्चात 24 जुलाई, 1950 को। उन दोनों के चार्ट में 1, 2, 4, 7 व 9 अंक हैं।

ANITA (24-7-1950)

4	9	2
	5	7
	1	

RAJAN (27-1-1948)

4	9	2
		7
8	11	

अनुरुपता निवारण हेतु हम इस तथ्य को नज़रअंदाज कर देते हैं कि कोई विशेष अंक चार्ट में कितनी बार आता है। प्रस्तुत दृष्टांत में राजन के चार्ट में दो 1 हैं, जबकि अनीता के चार्ट में एक 1 है। जाहिर है कि इसका असर इस बात पर पड़ेगा कि वे एक-दूसरे से कैसे आचार-व्यवहार करते हैं, किंतु तुरंत निरूपण के हेतु इसे नज़रअंदाज कर दिया जाता है।

यहाँ जो महत्त्वपूर्ण तथ्य है, वह यह है कि पति-पत्नी को 8 की ऊर्जा प्रदान कर सकता है जोकि उसके चार्ट में नहीं है और वह अपने पति को 5 की ऊर्जा प्रदान कर सकती है जिसका पति के चार्ट में अभाव है। फलस्वरूप वे परस्पर एक-दूसरे को कुछ ऐसी वस्तु दे सकते हैं जो दूसरे के पास नहीं है। यही संबंध को उत्तेजना व ओज प्रदान करता है।

हम इन अंकों के अर्थ को पूर्णत: नज़रअंदाज करते हुए केवल मात्र यह सुनिश्चित करते हैं कि प्रत्येक चार्ट दूसरे को एक अंक प्रदान कर रहा है। कौन-सा अंक दिया जाता है महत्त्व इसका नहीं बल्कि इस बात का है कि प्रत्येक व्यक्ति दूसरे को एक विभिन्न अंक प्रदान कर रहा है। यह कर चुकने के बाद हम उस चार्ट पर नज़र डालते हैं जो कि भाग्यांकों की अनुरूपता के वर्गक्रम दर्शाता है। प्रस्तुत दृष्टांत में राजन का भाग्यांक 5 है और अनीता का 1। यह सम्भवत: सर्वोत्तम संयोग है और यह इस जोड़े के सुख के लिए भविष्य में सहायक होगा।

भाग्यांक–तालमेल तालिका

	1	2	3	4	5	6	7	8	9	11	22	33
1	B	B	D	A	A	C	A	B	D	D	C	C
2	B	B	B	A	C	A	B	D	B	B	A	A
3	D	B	A	C	C	A	C	C	A	C	B	A
4	A	A	C	B	D	B	A	A	C	C	B	B
5	A	C	C	D	B	C	C	D	B	B	C	C
6	C	A	A	B	C	A	C	C	A	B	D	A
7	A	B	C	A	C	C	B	D	B	B	A	C
8	B	D	C	A	D	C	D	C	C	B	A	C
9	D	B	A	C	B	A	B	C	A	B	B	A
11	D	B	C	C	B	B	B	B	B	B	A	B
22	C	A	B	B	C	D	A	A	B	A	B	D
33	C	A	A	B	C	A	C	C	A	B	D	A

भाग्यांक 'A' - अतिशुभ, 'B' = मध्यम, 'C' –सामान्य, 'D' कठिन = अतिकठिन निकृष्ट।

भाग्यांक अनुरूपता चार्ट के अनुसार 'A' सर्वाधिक अनुरुप जीवन–साथी को इंगित करता है और 'D' सब से कम अनुरूप जीवन–साथी को।

भाग्यांकों के इस अनुरुपता चार्ट में 'A' को सब से अधिक अनुकूल माना जाता है और 'D' को सब से कठिन। किंतु यदि आपके संबंध का मूल्यांकन 'D' होता है तो निराश न हों। यह उन तथ्यों में से एक है, अनुरूपता आँकने के लिए जिन पर मनन किया जाता है। इसके अतिरिक्त दोनों ओर के प्रेम और सद्‌भावना को भी याद रखिए।

व्यक्तिगत वर्षों पर नज़र डालना आखिरी कदम है। 1998 में राजन 1 व्यक्तिगत वर्ष में प्रवेश करेगा। वह अनुभवों के एक सर्वथा नूतन वृत्त में प्रवेश करेगा और उत्साह व उमंग के साथ कुछ नया आगाज़ करेगा। अनीता 1998 में 4 व्यक्तिगत वर्ष में प्रवेश करेगी। वह परिश्रम करके उचित लक्ष्य को पाने के लिए उत्सुक होगी। यह निश्चय ही अत्यधिक अनुरूप प्रतीत होता है। वह विचार–शैली व उत्साह प्रदान करेगा और परिश्रम का प्रधान भाग अनीता प्रदान करेगी।

अब आइए, इसी जोड़े पर तीन वर्ष पश्चात् 2001 में नज़र डालें। राजन 4 व्यक्तिगत वर्ष में प्रवेश करेगा और किसी उचित लक्ष्य को प्राप्त करने के लिए कठिन परिश्रम करने को तत्पर होगा। अनीता 7 व्यक्तिगत वर्ष में प्रवेश करेगी और उसे ज्ञान व बुद्धिवर्द्धन हेतु तथा स्वयं अपने लिए कुछ समय दरकार होगा ताकि कुछ सोच–विचार कर सके। क्या यह अनुरूप हुआ? वास्तव में हाँ, क्योंकि उनके चार्ट तथा भाग्यांक अनुरुप हैं। फिर भी 2001 में उन्हें एक–दूसरे के साथ समन्वय करना पड़ेगा।

राजन को चाहिए कि वह उसे स्वयं के लिए काफी समय लेने दे और अनीता को चाहिए कि वह उसे कठिन परिश्रम करने के पर्याप्त मात्र में समय लेने दे। यह कार्य राजन से अधिक अनीता के लिए सुगम होग क्योंकि राजन इस वर्ष के दौरान कभी-कभार उससे हिमायत व तसल्ली की आशा भी करेगा।

कुछ दम्पति किन्हीं वर्षों में कदम मिलाकर सुगमता से चलते है किंतु कुछ दूसरे वर्षों में उनके कदमों में सुमेल नहीं होता।

सर्वोत्तम संयोग तब होता है जब दोनों साथियों के समरूप व्यक्तिगत वर्ष होते हैं। इसका अर्थ यह है कि यदि एक साथी विदेश भ्रमण का इच्छुक है (5 व्यक्तिगत वर्ष में) तो दूसरे को भी वैसी ही उत्सुकता प्रदर्शित करनी चाहिए।

सबसे क्लिष्ट संयोग तब घटित होता है जब कि दम्पति के व्यक्तिगत वर्षों में एक वर्ष का अंतराल होता है। जबकि एक का व्यक्तिगत वर्ष 4 है और वह कठिन परिश्रम करने में उद्यत है और दूसरे का व्यक्तिगत वर्ष 3 है जिस कारण से वह मौज-मस्ती करना चाहता है। अगले वर्ष में प्रथम व्यक्ति कुछ दिलचस्प, लीक से हटकर करने का इच्छुक होगा तो दूसरा साथी जो कि 4 व्यक्तिगत वर्ष से गुज़र रहा होगा कठिन कार्य करना चाहेगा। यह समझ लेना महत्त्वपूर्ण है कि विभिन्न व्यक्तिगत वर्षों में हम विविध प्रकार की ऊर्जा का निक्षेप करते हैं। 2 अथवा 6 व्यक्तिगत वर्ष में हम सम्भवतः बाकी वर्षों की बनिस्वत ज़्यादा रोमाँटिक अंदाज प्रदर्शित करते हैं और यह दूसरों के लिए हमारी आकर्षण शक्ति में वृद्धि कर सकता है, जोकि किसी अन्य व्यक्तिगत वर्ष में शायद हम में रुचि न ले पाते।

आइए हम एक और संयोग पर दृष्टिपात करें। अक्षय जोकि 26 जुलाई 1974, को जन्मा है और ट्विंकल जो 13 अगस्त, 1977 को जन्मी है। अक्षय ने ट्विंकल को 4 और 6 प्रदान किया है और ट्विंकल ने अक्षय को 3 व 8। इस प्रकार उन दोनों का योगदान बराबर रहा। उन दोनों के भाग्यांक भी 9 हैं। यह एक अत्युत्तम संयोग है क्योंकि दोनों ही अपना कुछ-न-कुछ देने को तत्पर हैं।

यह सब होते हुए भी उनके व्यक्तिगत वर्ष में 3 वर्ष का अंतराल था। जब अक्षय का व्यक्तिगत वर्ष 9 था तो ट्विंकल का 6। अर्थात् कुछ वर्षों में उनमें अद्भुत समन्वय था और कुछ में नहीं।

कठिन संयोग

ऐसे कई संयोग सम्भव हैं जो कठिन सिद्ध हो सकते हैं। इनमें सब से अधिक प्रत्यक्ष है दो लोगों के चार्ट में एक जैसे अंक होना। निम्न चार्टों वाला जोड़ा इस तथ्य का एक उदाहरण है। राकेश 28 जून, 1955 को पैदा हुआ था। उसकी पत्नी सविता 5 अगस्त, 1962 को पैदा हुई थी। अनुरूपता के दृष्टिकोण से उनके चार्ट समरुप हैं (राकेश के चार्ट में सविता के चार्ट से एक 5 अधिक है किंतु इस नुक्ते को अनुरूपता विश्लेषण में नज़र अंदाज कर दिया जाता है

RAKESH
(June 28th, 1955)

	9	2
	55	
8	1	6

SAVITA
(August 5th, 1962)

	9	2
	5	
8	1	6

इसका अर्थ यह हुआ कि आरम्भ में उनका सम्बन्ध काफी अच्छा और सुगमता से चलेगा, किंतु क्रमशः यह संयोग उबाऊ और नीरस होता चला जाएगा। अतएव प्रत्येक साथी के लिए यह महत्त्वपूर्ण है कि वह दूसरे को कोई ऐसा अंक प्रदान करे जिसका कि उसके पास अभाव हो।

प्रसंगवश ही हम कहना चाहेंगे कि ऐसे लोग जिनके समरूप चार्ट होते हैं, अच्छे प्लेटॉनिक मित्र साबित होते हैं, क्योंकि एक ही जाति के पक्षी इकट्ठे रहते हैं। हम चाहते हैं कि हमारे मित्र हम जैसे ही हों और समरूप अंक वाले व्यक्ति अच्छे मित्र साबित हो सकते हैं (चाहे वह अंक विभिन्न संख्या में ही क्यों न हों)।

आइए अब एक नज़र एक असंतुलित सम्बंध पर डालें। हरीश 5 जून, 1960 को पैदा हुआ था। मनीषा 28 मई, 1967 को पैदा हुई थी। यदि हम उनके चार्टों पर नज़र डालें तो देखेंगे कि मनीषा को हरीश से किसी ऐसे अंक का लाभ नहीं मिल पा रहा जो कि उसके पास पहले से नहीं है। किंतु वह मनीषा से तीन अंकों (2, 7 व 8) का लाभ पा रहा है। हरीश को इन अंकों का स्पष्ट लाभ मिल रहा है किंतु बदले में वह कोई भी अंक दे पाने की स्थिति में नहीं है। ऐसी स्थिति में मनीषा को क्रमशः इस बात का बोध होगा कि इस संबंध के अंतर्गत आदान-प्रदान में उसका अपना भाग बहुत अधिक है। अतएव यह सम्बंध असंतुलित है।

किंतु दिलचस्प बात यह है कि इन असंतुलित संबंधों में से भी कुछ संबंध सफल रहते हैं। तब घटित होता है जब एक साथी स्वयं समर्पण की जरूरत महसूस करता है। ऐसे जातक सम्भवतः सदैव देते रहने की आवश्यकता के विषय में शिकवा करते हैं किंतु भीतर से वे वास्तव में इससे प्रसन्नता का अनुभव करते हैं।

HARISH
(June 5th, 1960)

	9	
	5	
	1	66

MANISHA
(May 28th, 1967)

	9	2
	5	7
8	1	6

हरीश और मनीषा का संबंध भी शायद इसी तथ्य के कारण बचा रहेगा। मनीषा का भाग्यांक 2 होने के कारण वह एकाकी रहने की अपेक्षा किसी संबंध के वृत्त में अधिक प्रसन्न रहेगी। हरीश का भाग्यांक 9 होने के कारण वह आतुर व ध्यान करने वाला जातक होगा, यद्यपि वह अपने समुदाय के लोगों की सहायता करने में अपना अधिक समय व ऊर्जा खर्च करेगा। यद्यपि यह मनीषा के लिए निराशा का कारण होगा, फिर भी वह इसे सहन करना सीख लेगी।

10

जानिए भविष्य पथ को

किसी जातक के जीवन में भविष्य की दिशा का अनुसंधान करने के लिए उसके व्यक्तिगत वर्षों पर विहंगम दृष्टि डालनी पड़ती है। यह उन विभिन्न फलोत्पादक प्रभावों को दर्शाते हैं जो किसी भी समय जातक के चारों ओर रहते हैं।

व्यक्तिगत वर्ष और कालचक्र

लक्ष्मी यंत्र के अनुसार हम 9 वर्षों की आवृति में जीवन जीते हैं। इस आवृति को कालचक्र कहा जाता है। प्रत्येक वर्ष में एक विभिन्न शक्ति निहित होती है और यदि हम उस शक्ति के अनुरूप कार्य करते हैं तो हम शीघ्रता व सुगमतापूर्वक उन्नति कर सकते हैं। इसके विपरीत यदि हम वर्ष की शक्ति के विरुद्ध कार्य करते हैं तो हम पूरे वर्ष संघर्ष ही करते रहेंगे।

अपने व्यक्तिगत वर्ष को जानना अति सरल है। जैसा कि हमने भाग्यांक गणना में किया था, हम एक समीकरण का निर्माण करते हैं किंतु जन्म वर्ष के स्थान पर वर्तमान वर्ष लेते हैं।

उदाहरण स्वरूप 22 जुलाई, 1973 को जन्मा जातक 2002 में 6 के व्यक्तिगत वर्ष का अनुभव करेगा। ऐसा इसलिए कि मास, तिथि व वर्ष का जोड़ 6 बनता है।

जन्म मास	0 7
जन्म तिथि	2 2
वर्ष	+ 2 0 0 2
जोड़	2 0 3 1
योग	2 + 0 + 3 + 1 = 6

इसको एकल अंक तक जोड़े।

अगले 2003 वर्ष वह 7 के व्यक्तिगत वर्ष का अनुभव करेगा।

जन्म मास	0 7
जन्म तिथि	2 2
वर्ष	+ 2 0 0 3
जोड़	2 0 3 2
योग	2 + 0 + 3 + 2 = 7

एक और उदाहरण, एक महिला जो 9 जुलाई, 1961 को जन्मी है, 2001 में 1 के व्यक्तिगत वर्ष का अनुभव करेगी।

जन्म मास	0 7
जन्म तिथि	0 9
वर्ष	+ 2 0 0 1
जोड़	2 0 1 7
योग	2 + 0 + 1 + 7 = 10

इसको एकल अंक तक जोड़े।

फिर से जोड़ने पर 1 + 0 = 1

यदि जोड़ 11, 22 अथवा 33 होता है तो इसका और भी आगे यूनीकरण कीजिए ताकि इकाई का अंक प्राप्त हो जाए। व्यक्तिगत वर्ष जनका न्यूनीकरण 11, 22 अथवा 33 तक होता है अधिक शक्ति और ामर्थ्यशाली होते हैं अपेक्षाकृत दूसरे अंकों के।

जातक के व्यक्तिगत वर्ष का पता लग जाने पर हमें उन बहुमुखी ाक्तियों का पता चल जाता है जो जातक पर उस समय प्रभाव डाल रही ोती हैं। हम इनसे जातक के जीवन में घटित हो रही घटनाओं की व्याख्या र सकते हैं।

व्यक्तिगत वर्ष 1

नए कार्य का आरम्भ, उत्साह, ऊर्जा

यह नया कार्य आरम्भ करने का वर्ष है। आप स्वयं में पिछले कई र्षों की तुलना में अधिक उत्साह और शक्ति का अनुभव करेंगे। आप जिस ार्य का भी श्रीगणेश करें, वह आने वाले कई वर्षों तक महत्त्वपूर्ण रहेगा। म्भव है आप इस वर्ष एक साथ कई कार्यों को आरम्भ करें, तथा आप उन सबका सम्पादन करने के लिए उत्साहित व ऊर्जायुक्त रहेंगे।

व्यक्तिगत वर्ष 2

धैर्यपूर्वक प्रतीक्षा

यह तनिक दीर्घसूत्री व मंदगति वर्ष है, किंतु दूसरी ओर यह संघटन करने का वर्ष भी है। 1 व्यक्तिगत वर्ष में आप कई दिशाओं में तीर चला सकते हैं जबकि 2 व्यक्तिगत वर्ष सब कार्यों का प्रबंधन के अनुरूप पुष्टिकरण करता है। इस वर्ष का मुख्य संदेश है 'धैर्यपूर्वक प्रतीक्षा'। वह दो शब्द इकट्ठे अच्छे नहीं लगते क्योंकि धैर्यपूर्वक प्रतीक्षा करना प्रायः दुष्कर

कार्य है। कार्यसिद्धि के हेतु आप कुछ करने के लिए हाथ-पैर हिला चाहेंगे जो कि 1 व्यक्तिगत वर्ष में तो भले ही सम्भव हो, 2 व्यक्तिगत व में समय और शक्ति के लिए निरर्थक है। अतएव यह धीरता के अभ्यास अंतर्ज्ञान पर निर्भरता और अपने प्रियजनों के साथ आमोद-प्रमोद करने क वर्ष है। ऐसा करने से आप पाएँगे कि वर्ष के अंत तक पर आप अपने प या स्थान पर पहुँच चुके हैं।

व्यक्तिगत वर्ष 3

कठिन परिश्रम

यह एक आनन्दमय, सुखकर और मनोहर वर्ष है और चाहें तो आ पूर्ण वर्ष आमोद-प्रमोद के कार्यों के लिए छुट्टी पा सकते हैं। बदकिस्मत से ऐसा होना सम्भव नहीं, अतएव आपको कठिन परिश्रम भी करना पड़ेगा यद्यपि आपके विचार आमोद-प्रमोद के कार्यों की ओर अधिक दौड़ेंगे। पुरा मित्रों के साथ समय बिताने, नए मित्र बनाने, विहार-विनोद के नूतन काय का आरम्भ करने अथवा अपने वर्तमान कार्य-कलापों की ओर ध्यान दे के लिए यह एक अच्छा वर्ष है। इस वर्ष के दौरान सम्भवतः आप कई एव अल्पावधि कार्यों में रुचि लेंगे।

व्यक्तिगत वर्ष 4

कठिन परिश्रम द्वारा सफलता

एक वर्ष तक मौज करने के बाद आप कुछ गंभीर वृत्ति के कार्य स सम्बद्ध होना चाहेंगे। 4 व्यक्तिगत वर्ष कठिन परिश्रम का वर्ष है। यदि आ स्वयं के लिए वर्षारम्भ पर विशेष लक्ष्य निर्धारित करते हैं जो आप पाएँ कि वर्षांत तक आपने उसे पा लिया है। फिर भी सम्भवतः आप वर्ष के पूण होने पर प्रसन्नता का अनुभव करेंगे किंतु वह इसलिए कि आपके पास व

नर की उपलब्धि होगी। किंतु पूर्वनिर्धारित लक्ष्य की अनुपस्थिति में आपको वर्ष क्लिष्ट, मर्यादित और बेसुरा प्रतीत होगा। इसी कारण से अधिकतर लोग 4 व्यक्तिगत वर्ष को कालचक्र का सर्वाधिक दु:साध्य वर्ष मानते हैं।

व्यक्तिगत वर्ष 5

परिवर्तन, वैविध्य, आकस्मिक घटना

यह परिवर्तन और विविधता का वर्ष है। 4 व्यक्तिगत वर्ष के गाम्भीर्य के पश्चात् आप कुछ रोमांचकारी और विशिष्ट कार्य करने को तत्पर होंगे। अपने जीवन में परिवर्तन लाने के लिए यह एक बढ़िया वर्ष है - किसी भी ऐसे पहलू में जो संतोषजनक नहीं है - चाहे वह जीवन-वृत्ति, घर, पार्टनर या देश ही क्यों न हो। आपको तैयार रहना होगा किसी आकस्मिक घटना के लिए। फलस्वरूप आप देखेंगे कि आप ऐसे कार्यों को अंजाम दे पा रहे हैं जो आपने सोचे भी न थे कि सम्भव हो सकते हैं। उदाहरण के लिए यदि आप की तीव्रेच्छा रही है 'बंजी-जंपिग' करने की और आप की तीव्र इच्छा पहले कभी पूरी नहीं हुई थी तो यही वर्ष है इसे पूरी करने का। इस वर्ष लंबी यात्राऐं भी संभव है।

व्यक्तिगत वर्ष 6

घर परिवार

आपका यह वर्ष घर और परिवार के लिए है। यह बहुत अच्छा वर्ष है शादी करने (अथवा तलाक देने) के लिए। कारण यह है कि अंक न तो अच्छे होने हैं और न ही खराब। अतएव यदि किसी के साथ आपके सुखद सम्बंध हैं तो यह चमत्कारिक वर्ष है उन्हें स्थायित्व प्रदान करने के लिए। इसके विपरीत यदि किसी के साथ आपका कटु संबंध है तो यह सर्वोत्तम वर्ष है आजमाने के लिए। चूँकि यह परिवार का भी वर्ष है, अत:

बच्चे को जन्म देने के लिए भी यह अच्छा वर्ष है और प्रियजनों के सं समय बिताने के हेतु भी यह अच्छा वर्ष है। इसके अतिरिक्त घर बदल अथवा अपने वर्तमान घर में तोड़-फोड़ कर कुछ नया बनाने के लिए भ यह अच्छा वर्ष है।

व्यक्तिगत वर्ष 7

शिक्षा, बुद्धिमता, अंतःकरण की उन्नति

7 व्यक्तिगत वर्ष शांत और मृदु वर्ष है। विचारने, सीखने औ साधना करने हेतु आप अधिक समय अपने लिए रखने के इच्छुक होंगे 7 व्यक्तिगत वर्ष में बहुत से लोग किसी प्रकार की शिक्षा प्राप्त करने म समय व्यय करते हैं। अस्तु चाहे वह विधिवत् शिक्षा न हो तो भी आप कुछ न कुछ सीखकर अपने ज्ञान और बुद्धिमता के कोष में वृद्धि करेंगे। यह उत्तम वर्ष है योजना बनाने और विश्लेषण करने के लिए। व्यक्तिगत वर्ष 7 में बहुत से लोग आध्यात्मिक अथवा तत्वज्ञान संबंधी उद्यमों में रुचि लेने लगते हैं। बहुत से तरीकों से यह छुट्टी मनाने का वर्ष भी होता है। आप भौतिकवादी उन्नति अथवा धन-सम्पत्ति के लिए परिश्रम करने की बजाय आप अपने अंतःकरण की एवं आध्यात्मिक उन्नति में अधिक रुचि लेंगे

व्यक्तिगत वर्ष 8

धन का प्रतिफल

यह धन कमाने का वर्ष है और कठिन परिश्रम का वर्ष भी किं धन की कमाई के साथ। पिछले नौ वर्षों में किए गए परिश्रम को फलीभूत करने का वर्ष है यह। यदि आपने कुछ नहीं किया तो आपको कुछ नहीं मिलेगा। 8 व्यक्तिगत वर्ष में अधिकांश धन संबंधी बातें आपके पक्ष में जाएँगी। यथा अगर आप कुछ खरीदते हैं तो आप कम दामों पर खरीदेंगे

यदि आप कुछ बेचते हैं तो आप अच्छे दामों पर बेचेंगे। किंतु स्मरण रहे वर्ष के मध्य विश्राम करने और छुट्टी मनाने के लिए समय अवश्य निकालिए। वह इसलिए कि बहुत से जातकों को 8 व्यक्तिगत वर्ष में क्षमता से अधिक कार्य करने के फलस्वरूप स्वास्थ्य संबंधी परेशानियों का सामना करना पड़ सकता है। कभी-कभी धन प्राप्ति में विलंब भी हो जाता है।

व्यक्तिगत वर्ष 9

पुनर्निरीक्षण, निःसार तत्व का त्याग

यह नौ वर्षीय कालचक्र का अंतिम वर्ष है। यह पुनर्निरीक्षण का वर्ष है। आप बीते हुए नौ वर्षों पर विहंगम दृष्टि डालकर निःसार तत्वों का त्याग करेंगे। यह कोई सुगम कार्य नहीं बल्कि तनिक दुखद व कठिन कार्य ही है। भविष्य की दिशा चिह्नित करने के लिए आप उत्तरकाल का अवलोकन करेंगे। इस वर्ष के दौरान आप को कई मिथ्या सांकेतिक चिह्न मिलेंगे किंतु वर्ष के अंतिम तीन महीनों में यह काफी स्पष्ट हो जाएगा कि अगले 9 वर्षों में आप क्या कर गुजरना चाहते हैं।

11

लोशू चार्ट

जन्मतिथि को लोशु चार्ट में स्थापित कर के हम आपके व्यक्तित्व की उत्तम व्याख्या कर सकते हैं। किंतु जन्मतिथि की अनुपस्थिति में भी हम आपके नाम के अक्षरों को अंकों में रूपांतर कर और चार्ट में स्थापित करके यथोचित व्याख्या कर सकते हैं। यह निम्न तरीके से सुगमता पूर्वक सम्पादित किया जा सकता है।

नीचे दी तालिका में नाम के प्रत्येक अक्षर को एक अंक दिया है। इसी के अनुसार अपने नाम को हम अंकों में परावर्तित करके लोशू-ग्रिड विश्लेषण चार्ट में भर विश्लेषण करते हैं।

पाइथागोरस / सेफिरियल / कबाला

1	2	3	4	5	6	7	8	9
A	B	C	D	E	F	G	H	I
J	K	L	M	N	O	P	Q	R
S	T	U	V	W	X	Y	Z	

आइए हम विनय कोमार सिंघल के नाम का उदाहरण लें। हम 4 का अंक 'V' के नीचे स्थापित करते हैं क्योंकि 'V' 4 के कॉलम में है, I के नीचे 9, N के नीचे 5 और इसी प्रकार से पूर्ण नाम के अक्षरों के नीचे उनके अनुरूप अंकों का स्थापन करते हैं। परिणाम निम्न प्रकार से है :

V I N A Y	K O M A R	S I N G H A L
4 9 5 1 7	2 6 4 1 9	1 9 5 7 8 1 3

यह कर चुकने के पश्चात् हम प्रत्येक अंक की गणना करते हैं Vinay Komar Singhal में हैं :

अंक 1 की संख्या : 4	अंक 4 की संख्या : 2	अंक 7 की संख्या : 2
अंक 2 की संख्या : 1	अंक 5 की संख्या : 2	अंक 8 की संख्या : 1
अंक 3 की संख्या : 1	अंक 6 की संख्या : 1	अंक 9 की संख्या : 3

इन अंकों को पूर्वोक्त विधि के अनुसार चार्ट में स्थापित किया जाता है।

44	999	2
3	55	77
8	1111	6

VINAY KOMAR SINGHAL

1 के कोष्ठक में हम चार 1 लिख देते हैं, क्योंकि Vinay Komar Singhal के नाम में चार 1 के अंक हैं। 2 के कोष्ठक में हम सब 2 रखते हैं क्योंकि उसके नाम में केवल एक ही 2 का अंक है। इस प्रकार से तीन के कोष्ठक में एक 3 आदि क्रमवार सब कोष्ठकों में लिख देते हैं। सब कोष्ठकों में अंक लिखे जाने पर परिणाम दिए गए चार्ट द्वारा स्पष्ट हो जाता है

चार्ट की व्याख्या करने से पूर्व आइए एक और उदाहरण देखें। हमारा दूसरा उदाहरण Jai Prakash Chauhan नामक व्यक्ति है।

J	A	I	P	R	A	K	A	S	H	C	H	A	U	H	A	N
1	1	9	7	9	1	2	1	1	8	3	8	1	3	8	1	5

1 की संख्या 7	4 की संख्या 0	7 की संख्या 1
2 की संख्या 1	5 की संख्या 1	8 की संख्या 3
3 की संख्या 2	6 की संख्या 0	9 की संख्या 2

Jai Prakash का चार्ट भरने के पश्चात् हम देखते हैं कि उसके चार्ट में दो अंक अनुपस्थित हैं - 4 और 6। यह कोष्ठक हम रिक्त छोड़ देंगे, हालांकि कुछेक अंकशास्त्री इनमें 0 लिखना पसंद करते है। आप स्वेच्छा से दोनों में से कोई भी तरीका चुन सकते हैं। Jai Prakash के चार्ट में 1 का अंक काफी मात्रा में है।

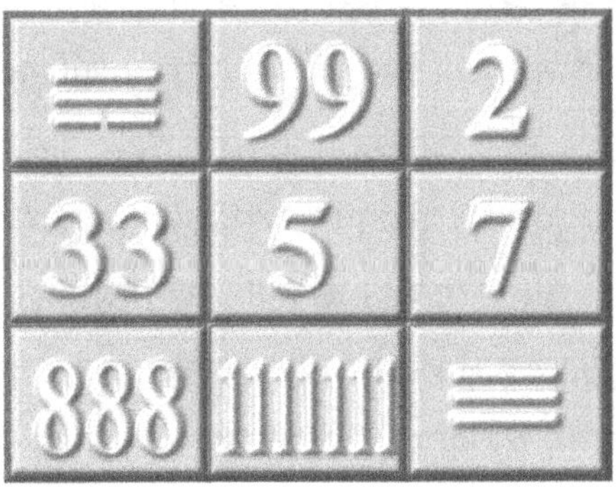

अंकों का अर्थ

दृष्टांतभूत चार्टों की व्याख्या हम निम्नलिखित प्रकरणों के अनुसा कर सकते हैं।

अंक 1

अहं, स्वच्छन्दता

चार्ट में 1 के अंक की अनुपस्थिति आत्मविश्वास, कुछ क गुजरने की इच्छा व प्रेरणा के अभाव को इंगित करती है। 1 के अंक कं अनुपस्थिति से जातक भीरू प्रकृति के होते हैं और अपने मन की बा कहने में हिचकिचाते हैं।

चार्ट के समस्त अंकों का अवलोकन करने के पश्चात् 1 कं यथोचित संख्या निश्चित की जाती है। विनय कुमार सिंघल के चार्ट में 1 का अंक काफी मात्रा में हैं, और दूसरे कोष्ठकों में क्रमानुसार एक दो अथव तीन की संख्या में दूसरे अंक हैं। यथोचित संख्या किस विशिष्ट संख्य को कहेंगे इसे स्पष्ट करना असंभव है क्योंकि यह नाम की लम्बाई प निर्भर करती है। किंतु दो या तीन की मात्रा को यथोचित ही माना जाएगा यथोचित संख्या में 1 वाले जातकों में आत्मविश्वास, गर्व, महत्त्वाकांक्षा औ मौलिकता के गुण होते हैं। वे अपने स्वयं के पाँवों पर खड़े होकर अप लक्ष्य की प्राप्ति के पीछे लग जाने के लिए उद्यत रहते हैं। किंतु अत्यधिक 1 वाले जातक अहंकारी होते हैं और अपनी इच्छाओं को दूसरों पर थोपने क प्रयत्न करते हैं। उनमें वहशीपन, अविवेक व प्रभुता की प्रवृत्ति भी होती है

अंक 2

नीति, युक्ति

अंक 2 की अनुपस्थिति लोक-व्यवहार में निपुणता के अभाव को इंगित करती है जिसके कारण जातक दूसरों के साथ उचित रीति से चल नहीं पाता। 2 के सर्वथा अभाव में जातक अत्यंत संवेदनशील होते हैं व अपनी त्रुटियों पर पर्दा डालने के लिए दूसरों पर आक्षेप करते हैं।

यथोचित 2 की संख्या वाले जातक दूसरों के साथ उचित व्यवहार करते हैं और दूसरे लोगों को शीघ्रातिशीघ्र सहज स्थिति में ले आने में सक्षम होते हैं। वे नीति-युक्ति निपुण और सहज ज्ञान के स्वामी होते हैं।

अत्यधिक संख्या में 2 वाले जातक अति भावुक होते हैं और अपने विचारों में दृढ़तापूर्वक खड़े होने में कठिनता का अनुभव करते हैं।

अंक 3

स्वाभिव्यक्ति, सम्पर्क-साधन।

नाम में अंक 3 की अनुपस्थिति से जातक आत्मकेन्द्रित, अन्तार्वलोकन करने वाले व संकुचित प्रकृति के होते हैं। उनके जीवन में मौज-बहार व स्वच्छन्दता का अभाव होता है। यथोचित संख्या में अंक 3 की उपस्थिति से जातक सद्भावना युक्त, मिलनसार व बाह्यमुखी होते हैं। वे व्यवहार कुशल होते हैं। वे जीवन के उत्तम पहलुओं की प्रशंसा करते हैं और किसी न किसी प्रकार के क्रियात्मक चातुर्य के स्वामी होते हैं।

अत्यधिक मात्रा में 3 वालों में शेखी बघारने और अहंकार तथा अव्यावहारिक कल्पना करने की प्रवृत्ति होती है।

अंक 4

परिमितता, सीमाबद्धता, कठिन परिश्रम

4 के अंक के अभाव में जातक कठिन परिश्रम विशेषत: शारीरिक कार्य से बचने का प्रयत्न करते हैं।

यथोचित मात्रा में 4 के साथ जातक अपना लक्ष्य प्राप्त करने के लिए कार्य करने को तत्पर रहते हैं। वे कठिन परिश्रम से नहीं घबराते और परीक्षा की घड़ी का सामना करने को उद्यत रहते हैं। वे शुद्धमति होते हैं और कार्य विवरण में समर्थ होते हैं। अत्यधिक मात्रा में 4 वाले जातक कार्यभार से दबे रहते हैं। वे कार्य के विवरण में इतने संलिप्त हो जाते हैं कि मुख्य लक्ष्य को भूल जाते हैं।

अंक 5

परिवर्तन, स्वच्छन्दता, विभिन्नता

अंक 5 की अनुपस्थिति से जातक परिवर्तन को स्वीकार करने में कठिनता का अनुभव करते हैं और चाहते हैं कि किसी भी चीज़ में बदलाव न आए। वे परिमित व सीमाबद्ध जीवन जीते हैं।

अत्यधिक मात्रा में 5 से जातक स्वच्छन्दता का बुद्धिमत्ता से उपयोग करना नहीं जानते और अल्कोहल, यौनानन्द व नशों में आवश्यकता से अधिक संलिप्त हो सकते हैं। वे अपने प्रियजनों का हृदय प्राय: अपशब्दों द्वारा, या कठोर शब्दों के द्वारा दुख दिया करते हैं।

अंक 6

घर, उत्तरदायित्व, परोपकार

चार्ट में अंक 6 के अभाव से जातक उत्तरदायित्व से घबराते हैं और घर–परिवार के विषय में उनकी इच्छाएँ यथार्थ से तनिक दूर होती हैं। चार्ट में यथोचित मात्रा में अंक 6 के होने पर जातक उत्तरदायित्व निभाने में तत्पर होते हैं और घर–परिवार की परिवर्तनशील अवस्थाओं में शीघ्रता से सामंजस्य बना लेते हैं। वे यथार्थ के जगत् में रहते हैं और अपने पाँव पृथ्वी पर स्थिरता पूर्वक जमा कर रखते हैं।

अत्यधिक मात्रा में 6 वाले जातक घर–परिवार विषयक बातों में ज्यादा लीन रहते हैं और अपने प्रियजनों के विषय में अनावश्यक रूप से आडम्बर व चिंता करते हैं। अंततोगत्वा दूसरे लोग उनकी इन त्रुटियों का व्यर्थ लाभ उठा लेते हैं।

अंक 7

विश्लेषण, बुद्धिमता, अध्यात्मिकता

चार्ट में अंक 7 के अभाव से जातक दार्शनिक व आध्यात्मिक वास्तविकताओं के विषय में जागरूक नहीं होते। अपनी अधीरता व चंचल चित्तता की प्रवृत्ति के कारण उनके पास आध्यात्मिकता में जागरूक व्यक्तियों की ओर ध्यान देने का समय नहीं होता। किंतु फिर भी आयु की परिपक्वता के साथ प्राय: वे किसी ऐसे दर्शन अथवा भक्ति में निष्ठा रखने लगते हैं जिसे वे स्वीकार करने योग्य होते हैं।

यथोचित मात्रा में 7 की उपस्थिति उन्हें दया, लज्जा, ज्ञान व ऐसे मत की उपलब्धि कराती है जिसके अनुसरण से वे जीवन जीते हैं। उत्तम

बुद्धि के स्वामी होने के कारण शिक्षा में उनकी रुचि होती है। अत्यधिक मात्रा में 7 वाले चार्ट कठिनता से ही मिलते हैं। चार्ट में जितनी अधिक मात्र में 7 होंगे, जातक उतना अधिक आध्यात्मिकता के प्रति जागरूक होते है

अंक 8

भौतिकतावाद, द्रव्य की मात्रा

चार्ट में अंक 8 के अभाव से जातक धन-सम्पत्ति के मामलों म लापरवाह होते हैं साथ ही बहुधा द्रव्य के विषय में बड़ी तीव्र लालसा रखत हैं, जिसके कारण वे निरंतर व्यग्र रहते हैं।

यथोचित मात्रा में अंक 8 की चार्ट में उपस्थिति से जातक धनी होने में रुचि तो रखते ही हैं और यह लक्ष्य सदा उनके समक्ष भी रहता है किंतु वे धीरे-धीरे प्रयास करते हुए धन के विषय में सुरक्षित व निश्चित हो जाते हैं।

अत्यधिक मात्रा में 8 के होने से जातक में धन, सम्पत्ति व वैभव की लोलुपता बढ़ जाती हैं। इनको पाने के लिए वे कोई भी बाज़ी लगाने के लिए उद्यत रहते हैं और बहुधा इस बाज़ी में अपने प्रिय बंधुजनों को खो बैठते हैं या उनसे अपने मधुर संबंध बिगाड़ लेते है।

अंक 9

मानवता की भावना

चार्ट में अंक 9 के अभाव से जातकों में करुणा व दया की भावनाओं की कमी होती है और इन गुणों का पाठ प्राय: इसी जन्म में पढ़

ाता है। यथोचित मात्रा में अंक 9 की उपस्थिति से जातक करुणा की ावना से ओतप्रोत होते हैं और दूसरों की पीड़ा समझते हैं। ऐसे जातक रूरतमंद को सहायता व उपजीविका प्रदान करते हैं। अत्यधिक मात्रा में वाले जातक दृढ़ निश्चयी होते हैं किंतु उन्हें एक मिथ्या विश्वास होता कि केवल उन्हीं को यथोचित रूप से कार्य सम्पादन करने का ज्ञान है। तएव वे दूसरों की राय की ओर कम ही ध्यान देते हैं और कठिनता से ी कुछ सीख पाते हैं। प्राय: वे संसार भर की समस्याओं का हल ढूँढने ें मशगूल रहते हैं।

ार्ट का निरूपण

अब हम उन दो चार्टों का निरूपण करेंगे जिनकी चर्चा हमने इस ध्याय के आरम्भ में की थी। Vinay Komar Singhal का चार्ट गुणों से रपूर चार्ट है। उनके चार्ट में किसी भी अंक का अभाव नहीं है। समस्त ोष्ठक एक, दो अथवा तीन की मात्रा में विभिन्न अंकों से भरपूर हैं। थापि उनके मानसिक स्तर पर छ: अंक है बनिस्बत भावनात्मक स्तर और व्यावहारिक स्तर के, जिनमें क्रमश: पाँच और छ: अंक है। स्पष्ट कि वह बुद्धिजीवी कार्यों और हाथ से किए जाने वाले कार्यों के लिए यादा योग्य हैं।

अध्यात्म–बाण के ऊपर विनय कुमार सिंघल के पाँच अंक हैं। यह उनके आध्यात्मिकता में रुचि, दृढ़ विश्वास व यथार्थता को इंगित करता है। इस प्रकार के गुणों व सम्भावनाओं से भरपूर चार्ट के होते हुए यह आश्चर्य की बात नहीं कि विनय कुमार सिंघल ने जीवन में अपनी सृजनात्मकता के कारण काफी प्रसिद्धि प्राप्त की है।

आइए अब हम जय प्रकाश के चार्ट पर दृष्टिपात करें। हमने इस जातक को जानबूझ कर चुना है क्योंकि इसका चार्ट विनय कोमार सिंघ के चार्ट के सर्वथा विपरीत है।

जय प्रकाश के चार्ट में दो अंकों का अभाव है - 4 और 8। 4 क अभाव के कारण वह कठिन परिश्रम, विशेषत: हाथ से करने वाले कार्य स दूर भागता है। जीवन-पथ पर प्रगति करते हुए वह व्यक्तिगत दर्शन अथव निष्ठा ढूँढने का प्रयत्न करेगा। वह रोकड़े के मामलों में लापरवाह है कि दूसरी ओर पैसे की लालसा भी रखता है (8 का अभाव)। दूसरे अंकों क बजाए उसके चार्ट में 1 का अंक अत्यधिक मात्रा में है। अपनी स्वच्छन्दत का स्वेच्छापूर्वक इस्तेमाल करके वह दूसरों को दु:ख-तकलीफ भी पहुँच सकता है, यौनाचार, नशों अथवा शराबखोरी का आदी हो सकता है अथव अपनी इच्छाओं को दूसरों पर थोपने का यत्न कर सकता है।

उसके चार्ट में मानसिक स्तर पर तीन अंक, भावनात्मक स्तर प चार अंक, और व्यावहारिक स्तर पर दस अंक हैं। वह हस्तकौशल में प्रवीण होना चाहिए और साथ ही अच्छी बुद्धि का स्वामी भी। निश्चय-बाण प उसके पाँच अंक हैं जोकि उसके दृढ़ निश्चय व प्रेरणा को इंगित करते हैं

इसके साथ ही हमें उसके चार्ट में 2, 3, 7, 8 व 9 की यथोचित मात्रा में उपस्थिति का भी तरजीह देनी होगी। यह जातक घर-परिवार म प्रियजनों से घिरा हुआ व उनसे सहयोग करके अत्यधिक प्रसन्नता क अनुभव करता है। 2 की उपस्थिति उसे नीति युक्ति व सहज ज्ञान भी प्रदान करती है। जब भी वह चाहे, स्वयं को उचित रीति से व्यक्त कर सकता है (अंक 3)। वह प्राय: मानवतावादी है (अंक 9) और सर्वोत्तम आर्थिक प्रबंधन कर सकता है।

उसके चार्ट का विश्लेषण करते हुए हम प्रोत्साहन का प्रदर्शन करते हुए उसके स्वाभिमान व आत्मविश्वास को बढ़ाने के लिए प्रयत्न करेंगे। हम उसे ऐसी जीवन-वृत्ति से सम्बद्ध होने को प्रोत्साहित करेंगे जिसमें उसके अत्युत्तम मस्तिष्क का इस्तेमाल धन-संबंधी अथवा आर्थिक मामलों में हो। यदि वह अविवाहित है तो शायद अपने माता-पिता के साथ रह रहा होगा। हम उसे प्रोत्साहन देंगे कि वह मिलनसार बने और लोगों से घुले-मिले ताकि उसे अपनी सम्भावित पत्नी पाने के अधिक से अधिक अवसर प्राप्त हों। और वह इसलिए कि जातक एकाकी रहने के बजाए विवाह के पश्चात् अधिक प्रगतिशील होगा (अंक 2)। प्रेम से परिपूर्ण संबंध के वृत्त में न केवल वह स्वयं को सर्वोत्तम रीति से व्यक्त कर पाएगा अपितु एकाकी रहने की अपेक्षा वह स्वाभिमान व आत्मविश्वास में भी वृद्धि प्राप्त करेगा।

नाम–परिवर्तन

यदि आप किसी कारणवश अपना नाम परिवर्तन करने का विचार कर रहे हैं, तो बेहतर होगा कि आप पुराने और नए दोनों नामों में समाविष्ट अंकों का मूल्याकन कर लें ताकि यह पता चल सके कि आपको अंको की हानि अथवा लाभ हो रहा है।

स्मरण रहे कि अंकशास्त्र में मान्यता है कि इस जीवन में अनुभव लाभ हेतु जातक अपना नाम स्वयं चुनता है। इस तथ्य के फलस्वरूप जन्म के मौलिक नाम से बने चार्ट का प्रभाव सदैव रहता है चाहे नाम–परिवर्तन कितनी ही बार क्यों न कर लिया जाए। किंतु नए नाम से बने चार्ट से द्वितीय स्पंदन चालू हो जाता है और जीवन इन नए अंकों के ढाँचे में दु:ख अथवा सुखमय बन सकता है। अत: स्मरण रहे कि चाहे कितनी ही बार क्यों न हम नाम परिवर्तन कर लें, जन्म नाम का प्रभाव अटल रहता है और हमें सदैव जीवन का नीति–उपदेश प्रदान करता रहता है।

इस प्रकार के मूल्यांकन हेतु गहन अध्ययन आवश्यक है क्योंकि इसके माध्यम से लोगों के चरित्र और उद्देश्य के विषय में गूढ़ परिज्ञान प्राप्त होता है। लोगों के गुण–दोषों को चिह्नित कर आप अत्युत्तम रीति से उन्हें मार्गदर्शन व सहायता देने में सक्षम हो जाते हैं। दूसरों के चार्ट का विश्लेषण करते समय सदा मृदुता व दयालुता का प्रदर्शन करना चाहिए क्योंकि उनकी समाविष्टियों से चाहे जो भी बात प्रकाश में आए, आप दूसरों की यथार्थ भावनाओं का पूर्ण परिणाम प्राप्त नहीं कर सकते क्योंकि आप 'वे' नहीं बन सकते।

12

सुगम चमत्कारिक समाधान

इस अध्याय में हम आपकी जन्मतिथि में अनुपस्थित अंकों के लिए और फेंगशुई में विश्लेषण के मूल साधन –

बागुआ पद्धति पर आधारित 'ची' प्रबंधन विधि द्वारा अष्ट-खण्डों की आकांक्षाओं की उर्जा वृद्धि हेतु एक सुगम समाधान प्रस्तुत करेंगे। यह 3x3 का सांचा (Matrix) जिसे अष्ट-त्रिग्राम के नाम से जाना जाता है, हमारे कल्याण के विषय में बहुमूल्य सूचना देने वाला कोष है। प्रत्येक त्रिग्राम यिन व यांग का संयोग है और इस में तीन क्षैतिज रेखाएँ (Bars) होती हैं। बीच से विभाजित रेखा यिन रेखा और पूर्ण रेखा यांग रेखा है। प्रत्येक त्रिग्राम का तत्वों से संबंध है। यह तत्व हैं – दो काष्ठ, दो धातु, तीन पृथ्वी एक अग्नि और एक जल तत्व। यह पंचतत्व यिन-यांग ऊर्जा पर आधारित एक प्रतिरूप का अनुसरण करते हैं जिसमें काष्ठ से अग्नि, अग्नि से पृथ्वी, पृथ्वी से धातु, धातु से जल और जल से दोबारा काष्ठ उत्पन्न होते हैं।

(a) अष्ट-भुजा पा कुआ

यह फेंग शुई का सर्वाधिक महत्त्वपूर्ण चिह्न है। फेंग शुई में आठ भुजाएँ विभिन्न वस्तुओं का प्रतिनिधित्व करती हैं और ऐसी मान्यता कि स्वयं भी यह शक्तिशाली सुरक्षात्मक ऊर्जा का प्रतिनिधित्व करता है, संसार भर में चीनी लोग अपने घरों के बाहर मुख्य-द्वार के ऊपर पा कुआ टाँग देते हैं, ताकि कोई भी ऐसी मारक ऊर्जा जो कि जाने-अनजाने उन पर वार कर रही हो, विफल की जा सके। ऐसी ऊर्जा हानिकारक वस्तुओं, इमारतों अथवा वस्तुओं से विक्षिप्त होती है जो ज़हरीले बाणों का प्रतिनिधित्व करती हैं।

पूर्वाकाश (Early Heaven) पा कुआ का प्रयोग यिन फेंग शुई व लिए भी किया जाता है, जोकि पूर्वजों के समाधि-स्थल की फेंग शुई है चीनियों में मान्यता है कि वंशजों की किस्मत पर पूर्वजों के समाधि-स्थल की फेंग शुई का प्रचुर प्रभाव पड़ता है।

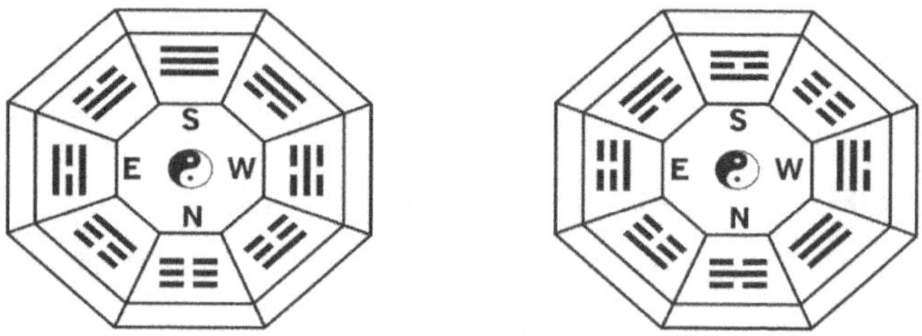

The Pa Kua of The Early Heaven Arrangement. The Pa Kua of The Later Heaven Arrangement.

यांग फेंग शुई के हेतु जो कि जीवित मनुष्य के कर्मों की फेंग शु और उत्तराकाश (Later Heaven) पा कुआ जो आम लोगों से सम्बद्ध क महत्त्वपूर्ण प्रतीक है। इसके अंतर्गत आठ भुजाओं के चारों ओर त्रिग्रामों क स्थिति पा कुआ पर वर्णित कम्पास की आठ मुख्य दिशाओं को अर्थ प्रदा करती है जिसमें सदैव दक्षिण को शिखर पर रखा जाता है। इसी के द्वारा फें शुई के अन्य प्रतीकों के अर्थ और सम्बंधों आदि की व्याख्या की जाती है

यह प्रतीक 1 से 9 अंकों, पंचतत्वों (जल, अग्नि, पृथ्वी, काष्ठ व धातु), पारिवारिक जनों (पिता, माता, पुत्र व पुत्रियाँ), पवित्र पशुअ (कच्छप, ड्रैगन, बाघ व फीनिक्स) और आठ त्रिग्रामों की स्वयं क विशिष्टताओं से सम्बद्ध है।

b) जीवन की आठ आकांक्षाओं का फार्मूला

यह उत्तराकाश पा कुआ के चारों ओर बनी 8 त्रिग्रामों के अर्थ पर आधारित फार्मूला है और प्रयोग में आने वाले कम्पास सिद्धांतों में से एक सिद्धांत है। ऐसी मान्यता है कि पा कुआ की प्रत्येक भुजा एक नियत दिशा का प्रतिनिधित्व करती है और विशिष्ट प्रकार के भाग्य का भी प्रतिनिधित्व करती है। इस दैवीय पद्धति में आठ प्रकार के भाग्यों की पहचान की गई है और यह मानवमात्र की समग्र आकांक्षाओं के समतुल्य हैं। फेंग शुई के गहन अध्ययन के पश्चात् आपको बोध होगा कि भाग्य की चीनी संकल्पना इन्हीं आठ आकांक्षाओं के माध्यम से व्यक्त की जाती है।

पा कुआ की आठ आकांक्षाएँ

- जीवन-वृत्ति में तरक्की, योजना बनाना।
- वैवाहिक आनन्द की प्राप्ति समन्वय व सूत्रपात।
- दीर्घायु, अच्छा स्वास्थ्य व आत्मविश्वास।
- संचित धन और वैभव की प्राप्ति।
- प्रभावशाली लोगों द्वारा सहायता व अवलम्बन, विदेश यात्रा व नए अवसर।
- अच्छे वंशजों अर्थात् अच्छी संतान का जन्म।
- अच्छी शिक्षा की प्राप्ति, ज्ञान व समरण शक्ति।
- आदर, मान व नाम होना।

फेंग शुई के अन्य उपायों व फार्मूलों के संयोग से विभिन्न तरीकों द्वारा इन आकांक्षाओं को विशेष रूप से ऊर्जस्वी बनाया जा सकता है। इन आठ भाग्यों में से प्रत्येक पर विस्तारपूर्वक प्रकाश डाला गया है और पुस्तक में प्रत्येक त्रिग्राम के प्रतिरूप को चित्रित किया गया है ताकि प्रत्येक प्रकार से भाग्य का तुरंत ऊर्जीकरण किया जा सके।

(c) उत्तराकाश पा कुआ
(फेंग शुई विश्लेषण हेतु एक साधन)

आठ त्रिग्राम आई–चिंग के मूल प्रतीक हैं और वे प्रत्येक दिशा म भाग्य में सामयिक परिवर्तन के पथ का प्रतिनिधित्व करते हैं।

प्रत्येक भुजा आठ दिशाओं में से एक की परिचायक है। आठ त्रिग्राम पा कुआ के चारों ओर रखे जाते हैं – प्रत्येक भुजा पर एक त्रिग्राम उत्तराकाश की स्थिति के अनुसार रखा जाता है और यही स्थिति यांग–फेंग शुई विश्लेषण में इस्तेमाल की जाती है। यही त्रिग्राम आठों भुजाओं क तात्विक और अन्य विशिष्टताओं (Associations) से संवारती हैं (कम्पास की आठ दिशाओं को भी)। इनमें से अधिक महत्त्वपूर्ण विशिष्टताएँ चित्र में दर्शायी गई हैं।

फेंग शुई की प्रैक्टिस पा कुआ के चारों ओर स्थित त्रिग्रामों के गूढ़ अर्थों की परिभाषा करती है।

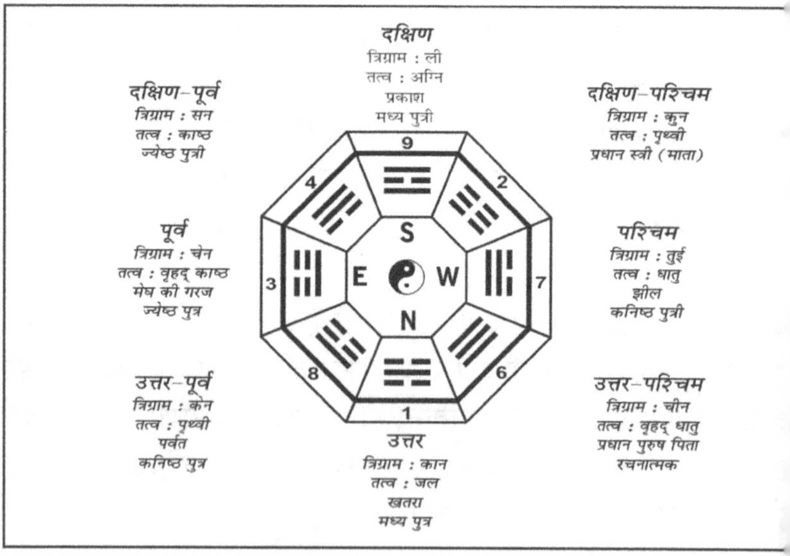

उत्तराकाश पा कुआ
यांग फेंग शुई विश्लेषण में उपयोगिता

त्रिग्रामों के अर्थ समझने से फेंग शुई की विधि की लाभदायक उपयोगिता की जानकारी मिलती है। घर के अंदर विशेष दिशा में विशेष प्रकार की त्रिग्राम लगाने से परिवार के प्रत्येक सदस्य को लाभ मिलता है। जब घर का कोई भाग फेंग शुई के संताप से ग्रसित होता है तो परिवार का कौन-सा सदस्य उससे प्रभावित है - इस का परिज्ञान भी इस विद्या के माध्यम से होता है। उदाहरणस्वरूप - किसी कोणे का अभाव, तत्वों का टकराव आदि। इसी प्रकार त्रिग्राम द्वारा हमें यह ज्ञान भी प्राप्त होता है कि परिवार का कौन सा सदस्य विभिन्न भागों की शुभ ऊर्जाओं द्वारा लाभ प्राप्त कर सकता है।

आइए त्रिग्राम केन का उदाहरण लें जोकि छोटे पर्वत का प्रतीक है और जिसमें हर प्रकार का वैभव ('स्वर्ण') पाया जा सकता है। इसकी पुष्टि केन के पृथ्वी तत्व द्वारा होती है और हम जानते हैं कि धातु अथवा स्वर्ण दोनों पृथ्वी से उत्पन्न होते हैं। साथ ही छोटे पर्वत, प्रभावशाली, मूक व स्थिर है और प्रतीक्षा व तैयारी को इंगित करता है। अतएव यदि आप ईशानकोण के कमरे में रहते हैं तो विद्यार्थी-जीवन तक तो यह बहुत अच्छा हो सकता है किंतु विवाहित दम्पति के लिए यह निराशाजनक हो सकता है।

त्रिग्रामों की लोशु आकाशीय तरतीब

त्रिग्रामों की उत्तराकाशीय स्थिति पा कुआ, लोशु वर्ग के साथ इस चित्र में प्रदर्शित की गई है जिस पर लुओ पैन कम्पास का अध्यारोपण (Superimposition) किया गया है। यह फेंग शुई की सम्पूर्ण मौलिक प्रैक्टिस में निगमित अर्थों की विभिन्न परतों की व्याख्या करता है।

13

आपके जीवन में अन्य महत्वपूवर्ण अंक

त्राहन के अंकों की उपयोगिता

आपके कार के अंक आपके जीवन में सबसे महत्वपूर्ण अंकों में से एक हैं। यह स्पष्ट रुप से आपके यात्रा करने के तरीके से संबंधित है कि आप कितनी सहजता और सुरक्षा से अपनी यात्रा कर सकते हैं। कोई अंक हानिकारक नहीं होता है, इसलिए चिंतित न हों। लेकिन यह जानना सार्थक है कि आपकी कार के अंक आपके स्वयं के अंकों के साथ कितनी अच्छी तरह सामंजस्य स्थापित करतें है, विशेष रुप से आपके व्यक्तित्व और जीवन पथ अंक के साथ, क्योंकि जब हम वाहन चलाते हैं, तो हम सहजता से स्वयं के वास्तविक रुप में स्थापित हो जाते हैं। तीन अंक आपकी कार को प्रभावित करते हैं।

निम्न तीनों अंक उदाहरण से हम समझ सकते हैं।

DL8C AL 4957 का उपयोग करते है।

1) पहला अंक और समग्र अक्षरों को मिलाकर कुल संख्या है, 4+3+8+3+1+3+4+9+5+7=47, 4+7=11 अथवा 1+1=2

कुछ विशेषज्ञ 11, 22 और 33 को मास्टर नंबर (संख्या) मानते हैं और केवल डबल 1 या डबल 2 या डब्ल 3 के प्रभाव पर विचार करते हैं।

2) दूसरा केवल अंकों की कुल संख्या है।
8 + 4 + 9 + 5 + 7 = 33 अथवा 3 + 3 = 6

3) तीसरा केवल अक्षरों का कुल योग है।
4 + 3 + 3 + 1 + 3 = 14, 1 + 4 = 5

अंक सबसे स्पष्ट होते हैं और अन्य लोगों द्वारा आपको देखे जा के तरीके को दर्शाते है।

अक्षरों का कुल जोड़ (5) आपकी यात्रा के उद्देश्यों और प्रकार को दर्शाता हैं।

समग्र संख्या (11 or 2) सबसे महत्वपूर्ण हैं तथा आपकी का या तरीकों की पहचान के बारे में बताती हैं। कार एक निर्जीव वस्तु है औ इसका कोई व्यक्तिव नहीं है। लेकिन उसके साथ जुड़ी हर एक संख्या क उसका अपना एक विशिष्ट कंपन होता है।

आपकी कार को इंगित किए गए नंबरों में (6) एक आवृति होत है जो आपके आन्तरिक स्वरुप की ओर इंगित करती है।

यदि आप इन नंबरों के अनुकूल नहीं हैं, तो आपके जीवन म लक्ष्यों को प्राप्त करने में देरी और कठिनाइयां हो सकती है। यही कारण है कि लोग धीरे–धीरे अपनी व्यक्तिगत नंबर प्लेट खरीदने के महत्व के बा में जागरुक हो रहे हैं, जो उनकी भाग्य संवारने में मदद करता है।

विभिन्न अंकों का महत्व

1) यह नंबर एक एकचित मोटर यात्री से संबंधित है, जिसके पास रुकावटों और धीमे ड्राइवरों के लिए अधिक समय नहीं हो सकता

हमेशा एक मिशन पर, आपकी ड्राइविंगशायद बहुत ही आकर्षक और आपकी एकाग्रता अच्छी है, लेकिन सावधान रहें कि यह अंक आपको तनाव में न डाल दे। आराम से धीमा संगीत चलायें और अपने आप को उन चीजों के बारे में सोचने के लिये प्रेरित करें, जो आपने पहले ही प्राप्त कर ली हैं।

२) यह संख्या आपको अन्य ड्राइवरों के बारे में थोड़ा बहुत सोचने के लिए प्रभावित करती है। आप एक विचारशील चालक हो सकते हैं, लेकिन आपके पीछे आने वाले दूसरे व्यक्ति के बारे में चिंता करना आपको परेशान कर सकता है। आपको अक्सर अपने किसी दोस्त या परिवार के सदस्य को लाने ले जाने के लिए प्रेरित करना बहुत आसान है। परन्तु आपको अपने हितों के बारे में सोचना चाहिए और बहुत थकने से बचना चाहिए।

३) ड्राइविंग आपके लिए एक मजेदार शौक है और आप गति का आनंद ले सकते हैं। आप बहुत अधिक मनोरंजन के लिए बाहर जा सकते हैं। आपकी कार को अनुकूलित या अतिरंजित बनाया जा सकता है जिससे यह अन्य ड्राइवरों द्वारा आसानी से नोटिस हो सके। तब आप उन्हें मुस्कुराहट दे सकते हैं और हर किसी के लिए दिन खुशनुमा बना सकते हैं। ड्राइविंग करते समय आपको

रचनात्मक प्रेरणा मिल सकती है, इसलिए जब आप रुकते हैं त इसे रिकॉर्ड करने के लिए अपने साथ एक नोटबुक या डिक्टाफो रखना चाहिये।

4) आप शायद एक अच्छी तरह से बनाई हुई कार के मालिक है क्योंकि आपके लिए व्यावहारिकता सर्वोपरि है, और आपके पार ए से बी तक पहुंचने के महत्व की एक मजबूत भावना है। य कार खरीदारी, आवश्यक उपकरण और कुछ भी उपयोगी, नियमि यात्रा करने के लिए अच्छी है। इसे साफ रखने के बारे में बहु ज्यादा चिंता करने की कोशिश न करें। आप इस कार को बहु गंभीरता से लेंगे, लेकिन मौज-मस्ती करना आपको खतरे में नह डालेगा- वास्तव में आराम से आप सुरक्षित रहेंगे।

5) जब आप ड्राइव करते हैं, तो यहां प्रलोभन अन्य चीजों को कर के लिए है। सुनिश्चित करें कि आपके पास एक हाथ से मुक्त मोबाइल फोन है, क्योंकि आप गाड़ी चलाते वक्त गपशप करने व लिए लुभाए जाने के लिए निश्चित हैं। कभी-कभी गाड़ी चला समय आप चिड़चिड़े हो सकते हैं, दूसरे समय में आप एक लाख विचारों या जीवंत संगीत की खुशी से विचलित हो जाएंगे। ती अंक की तरह, आपके पास अपने विचारों को खींचने और रिका करने के लिए एक नोटपैड या एक डिक्फोन होना चाहिए। हालांवि सुरक्षित रुप से वाहन चलाने पर ध्यान केंद्रित करना न भूले ।

6) परिवार की कार के लिए महान, सैर पर जाना, या ऐसा कुछ भ करना जो समुदाय से जुड़ा हो। आप चाहते हैं कि बैठने के लिए आराम दायक जगह हो, सात-सीटर इस संख्या के साथ बहु अच्छी है क्योंकि आप अधिक लोगों के साथ सफर कर सकते हैं

आप यह भी पा सकते हैं कि आप चैरिटी कार्यों में शामिल हैं- यह मददगार पेशेवर के लिए एक अच्छी संख्या है। सुखदायक संगीत आपको ड्राइव करने में मदद करेगा।

7) एक जोखिम है कि आप विचलित हो सकते हैं और अपनी खुद की दुनिया में जा सकते हैं- आप यह भी पा सकते हैं कि आप गलत गंतव्य पर जा पहुंचते हैं क्योंकि आपका दिमाग उच्च चीजों पर था। हालांकि, बड़ी बात यह है कि आप अक्सर ही सही जगह का पता लगा लेते हैं। जब आप दृश्यों का आनंद लेते हैं, तो ड्राइविंग आपको दूसरी दुनिया में ले जा सकती है।

8) आपके लिए अच्छी तरह से गाड़ी चलाना बहुत महत्वपूर्ण है, और आप दूसरों को यह सिखाने का प्रयास करने के लिए लुभाए जा सकते हैं कि यह कैसे करना है, उदाहरण के लिए, हर बार जब आप ओवर टेक करते हैं, तो मोटर मार्गों पर आंतरिक लेन में वापस जाना, खतरनाक हो सकता है। शांत रहते हुए, कार में आप उन लोगों के संपर्क में रहें जो आपके जीवन में महवपूर्ण हैं। पांच अंक की तरह आपके लिए एक हैड्स-फ्री सैलफोन और आपको कुशल बनाने के लिए सभी तकनीक भी आवश्यक हैं। यदि माडल प्रभावशाली है तो आप इस कार में अधिक अच्छा महसूस करेंगे।

9) ड्राइविंग आपको समय की बर्बादी लग सकती है, लेकिन आप कोई ऐसी सीडी सुन सकते हैं जो आपको जीवन के किसी विशिष्ट पहलु को सीखने में सहायक हों इस कार के लिए जितना संभव हो पर्यावरण के अनुकूल होना जरुरी है। लिफ्ट देना और कार शेयरिंग करना आपको अधिक सार्थक लगता है।

मोबाइल नंबर से आप क्या पा सकते है:

मोबाइल नंबर व मोबाइल फोन हमेशा आपके साथ चलते हैं। जह आपका अच्छा मोबाइल नंबर आपकी किस्मत चमका सकता है, वहीं कोइ दूसरा गलत नंबर आपकी दुनिया में तहलका मचा सकता है या विनाश ला सकता है। लेकिन अब आपको पता है कि आपकी जन्मतिथि में किन नंबरों की कमी है या आपकी जिन्दगी में क्या अधिकता है और आप अपन क्या उद्देश्य पाना चाहते हैं। आप किस क्षेत्र में कामयाबी पाना चाहते हैं। अतः अब आप पहले से ही अपने मोबाइल नंबर में ग्रहीय प्रभुत को कम-ज्यादा करके ठीक कर सकते हैं। अब आप करेंगे निर्णय या चुनाव अपने उद्देश्य के अनुसार अपने नंबर का-आपको ज्ञान, स्वास्थ्य, अपना कारोबार, यश, कीर्ति या खुशियां चाहिये-रिश्तों से, या आप बढ़ना चाहते हैं आध्यात्मिकता की ओर।

टैलीफोन/मोबाइल नंबर में जरुरी अंक

आपके टैलीफोन या विशेषतया मोबाइल नंबर में ऐसे कौन से नंबर हैं जो अवश्य होने चाहिये। नंबरों का सही संतुलन व साम।जस्य आपके जीवन में बड़ी से बड़ी उपलब्धि ला सकता है। यदि आपका उद्देश्य:

1) यदि आप बिना सोचे समझे आप आगे नहीं बढ़ना चाहते तो आपके मोबाइल नंबर में 1, 4, 8 का होना अति आवश्यक है एवं यह अंक ज्ञान प्राप्ति है जो ज्ञान को ग्रहण करने का है।
2) यदि आप प्रापर्टी के व्यापार में हैं अथवा घर बनाना चाहते है तो आपके मोबाइल नंबर में 2, 5, 8 का होना अति आवश्यक है।
3) एक अच्छे नेता या राजनीतिज्ञ बनना चाहते हैं तो आपके मोबाइल नंबर में संख्या 4, 3, 8 का होना अति आवश्यक है।

4) अच्छे खिलाड़ी बनना चाहते हैं तो आपके मोबाइल में 2, 7, 6 का होना अति आवश्यक होगा।

5) आप यदि पैसा कमाना चाहते हैं व आपके पास पैसा रुके तो मोबाइल नंबर में 4, 5, 6, 8 का होना अति आवश्यक है।

6) विदेश जाने के लिए 9, 5, 1 होना आवश्यक है।

7) डाक्टर बनने के लिए 4, 6, 7 नंबर होना आवश्यक है।

8) मीडिया के क्षेत्र के लिए 1, 3, 7, 9 नंबर होना आवश्यक है।

9) सेना या आर्मी में जाने के लिए 4, 2, 6, 7 होना आवश्यक है।

10) फिल्मो में सिंगर बनने के लिऐ 1, 2, 3, 6, 9 नंबर अति आवश्यक है।

11) अच्छे स्वास्थ्य के लिए समायोजन ऐसा हो कि किसी भी एक ग्रह की अधिकता न हो या कहीं कोई नंबर दूर न हो। नंबर एक से नौ तक होने चाहिये अधिकता या कमी नहीं, जिससे स्वास्थ्य व संतुलन बना रहेगा।

12) मानसिक शांति के लिये तीन, पांच, सात का होना आवश्यक होगा।

13) अच्छे रिश्तों व उनको निभाने के लिऐ आपके मोबाइल नंबर में 2, 3, 6 नंबर का होना आवश्यक है। आपका जन संपर्क अच्छा हो व समाज में उज्ज्वल व अच्छी छवि बरकरार रखें ।

14) यदि आध्यात्मिकता की बात चाहते हैं तो आपके नंबर में 4, 7 अंक का होना अति आवश्यक है जो आप में आस्था व विश्वास जगाते हैं। 2, 5, 8 पृथ्वी तत्व को लाते हैं, जिनसे इस क्षणिक दुनिया से, दिखावे से, छलावे से आप दूर रहते हैं।

15) यदि आप अनुशासनप्रिय रहें व सरकारी नौकरी में हों तो आपकी सफलता, कामयाबी 4, 6, 9 नंबर व्यक्त करते हैं।

16) यदि आपके हितेषाी एवं सारे अच्छे मित्र हों तो आपके नंबर में 1, 3, 6 नंबर का होना बहुत अधिक जरुरी रहेगा।

टेलीफोन व मोबाईल नंबरों का महत्व

आपका टेलीफोन नंबर आपके जीवन और पहचान के लिए भ बहुत महत्वपूर्ण है, क्योंकि यह एक ऐसी संख्या है जिसे आप हर सम किसी को दे रहे हैं। चूंकि लोग लगातार आपके संपर्क में रहने के लि इसका उपयोग करते हैं। इसलिए अवचेतन रुप से इसे आपके साथ जोड़ जा रहा हैं। अक्सर आपका नंबर लोगों को कंठस्थ हो जाता है, और य अक्सर आपके संबंध में साझा किया जाता है। यदि आप अपने नंब (व्यक्तिगत या भाग्य) के साथ सामंजस्य नहीं महसूस करते हैं, या पा हैं कि आपको अपने इच्छित कॉल नहीं मिल रहे हैं, तो इसे बदलने प विचार किया जा सकता है, अधिक वांछित परिणाम प्राप्त करने के लिए

घर या व्यवसायिक स्थल पर आपके कई टेलीफोन नंबर हो सक हैं। आपका मोबाइल फोन नंबर शायद सबसे महत्वपूर्ण है। इसे जानने क लिये सभी संख्याओं अंकों को जोड़कर इसे एक ही संख्या में परिवर्ति करें। हालांकि, व्यक्तिगत अंकों पर भी ध्यान दें क्योंकि यदि उनमें स कोई कई बार दोहराता है तो यह अंतिम संख्या के प्रभाव को प्रभावित क सकता है। दूसरा आपका लैंड लाईन नंबर है। फिर से, अंकों को तब तव जोड़ें जब तक वे एक अंक तक कम न हो जाएं। आउट-आफ-द-एरिय कॉल के लिए, अपने शहर / देश कोड को भी शामिल करें-यह एक अल प्रभाव ला सकता है।

इसी तरह, आपके कार्यालय में, आपका एक्सटेंशन नंबर भ महत्वपूर्ण है- इसके अंकों को भी हमेशा की तरह जोड़ दें, जब तक कि व एक ही संख्या नहीं हो जाते। आपके एक्सटेंशन नंबर से पता चलता है वि आपको कैसे माना जाता है और आप संगठन के भीतर कैसे कार्य करते हैं

विभिन्न संख्याओं की व्याख्या –

1) आप शायद पाते हैं कि आप बहुत समय के लिए चीजों को संभालने के लिए खुद पर छोड़ दिए जाते हैं। जरुरत पड़ने पर मदद कहां से मिलती है?

बेशक, यह आपको अकेले काम करने के लिए सूट कर सकता है, खासकर अगर 1 आपका जीवन पथ या व्यक्तित्व संख्या है। यदि यह आपकी एक्सटेंशन संख्या है, तो सुनिश्चित करें कि आप बहुत अधिक तनाव नहीं लेते हैं, और आपकी पीठ पर एक ठोस दीवार है यदि यह आपका घर या मोबाइल नंबर है, तो आप, या एक तरफा कॉल प्राप्त कर सकते हैं। यह आपकी बात को पूरा करने के लिए अच्छा हो सकता है, लेकिन यह आराम और सौहार्दपूर्ण, स्पष्ट और संसारी सामाजिक बातचीत के लिए आदर्श नहीं है।

2) आपसे हमेशा सलाह मांगी जाती है। लोग आपको एक ऐसे व्यक्ति के रुप में देखते हैं जो चीजों को सुलझाएगा। आप कई बार बिना किसी मतलब के 'हां' कहते हैं। यदि यह आपकी एक्सटेंशन संख्या है, तो सावधान रहें कि आपसे बहुत अधिक उम्मीद नहीं की जाए – आप सभी की समस्याओं का समाधान नहीं हो सकते। अगर यह आपका मोबाइल या मोबाइल नंबर है, तो दिल से दिल तक बातचीत और बड़े पैमाने पर बिल की उम्मीद करें।

3) चुटकुले और हंसी में शामिल होना आसान है - यह बिक्री औ कुछ भी रचनात्मक कार्य के लिए एक अच्छी संख्या है। हालांकि 3 नम्बर के व्यक्ति के लिये चीजों को सीधे प्राप्त करना कठि हो सकता है और एक बड़ी बातचीत के बाद ही आप संतोषपूर्व अपना फोन बंद कर सकते हैं। याद रखें कि फील-गुड फैक्ट सब कुछ नहीं है, खासकर अगर (3) आपकी एक्सटेंशन संख्य है। एक घर या मोबाइल नंबर के रुप में यह बहुत आनन्द औ नये-नये अवसरों की प्राप्ति कराता है।

4) यदि यह आपकी विस्तार संख्या (एक्सटेंशन नंबर) है, त व्यावहारिक समाधान महत्वपूर्ण हैं- बिना किसी प्रत्यक्ष उत्तर क लोगों को धोखा देना कठिन होगा और आप महसूस कर सक है। कि आपको हमेशा दबाया जा रहा है। यह कहने के लि बहुत महत्वपूर्ण है कि आपका क्या मतलब है और हमेशा अपन प्रतिबद्धता रखें। एक घर या मोबाइल नंबर के रुप में, यह चीज को सीधे प्राप्त करने, व्यवस्था करने, परन्तु चिट-चेट नहीं कर के पक्ष में है।

5) इस संख्या के साथ तर्क विर्तक होने की बहुत संभावनायें हैं, लेकि यदि आप अपने आप को शांत रख सकते हैं, तो आप निश्चित रु से सुखद परिणाम प्राप्त कर सकते हैं। आप पा सकते हैं कि आप या आपके कॉल करने वाले अधीर हो गए हैं, इसलिए आप अपन पॉइंट पर केंद्रित रहें। आपको विचार शीघ्रता से आ जा सकते है इसलिए सुनिश्चित करें कि पहले आप इनके नोटस बना लें। यदि यह आपका एक्सटेंशन नंबर है, तो आपको हमेशा सतर्क रहन होगा। एक घर या मोबाइल नंबर के रुप में, यह बहुत अधिक पुनरावृत्ति लाता है, और सफल पत्रकारिता या एक विस्तृत सर्कल के साथ संपर्क में रखने के लिए बहुत अच्छा है।

6) यह रचनात्मकता के लिए एक बहुत अच्छी संख्या है, और किसी भी तनावग्रस्त कॉलर को प्रसन्न करने के लिए सर्वोत्तम है। लेकिन अगर आपको यह एक्सटेंशन नंबर है तो आपको घर कॉल करने का प्रलोभन हो सकता है। लंबी, सुखद बातचीत में विस्तृत विवरण और गपशप की संभावना होती है, लेकिन चीजों को किसी निष्कर्ष पर पहुंचाना या निर्णय तक पहुंचना कठिन हो सकता है। आप पा सकते हैं कि आप सामुदायिक कार्य या किसी दान में शामिल हो सकते हैं।

7) यह एक बातूनी संख्या नहीं है, और किसी न समझाए जा सकने वाले कारण से आप फोन का जवाब देनें में अनिच्छुक महसूस कर सकते हैं। गलतफहमी की भी संभावना है, और कई बार आप ठीक से सुनने में सक्षम नहीं होते। कॉल करने वालों से यह कहने में डरने की जरुरत नहीं है कि उन्होंने जो कहा है, उसे दोहराएं ताकि आप इसे सही तरीके से बात सुन सकें, खासकर यदि यह आपका एक्सटेंशन नंबर है। यदि आप किसी चीज की जांच कर रहे हैं, तो यह संख्या अनुकूल है, और आपको लाइन पर बने हुए महत्वपूर्ण अन्तप्रेरणा मिल सकती है।

8) अगर आप बॉस हैं तो यह एक बहुत ही बढ़िया नंबर हैं आप पा सकते हैं कि आप इस विस्तार के काफी आधिकारिक हैं। हमेशा आयोजन करते हैं और कहते हैं कि कौन कहा जाता है। आप शायद अभी भी लाइन पर हैं जब सभी कार्यालय से घर चले गए हैं – बहुत अधिक तथा कठिन काम न करें। यदि यह आपका घर या मोबाइल नंबर है, तो आप शायद महत्वपूर्ण और एक बलशाली व्यक्ति लगेंगे, इसलिए इसका सही उपयोग करें और दृढ़ रहें लेकिन सफल जीवन के लिये विनम्र रहना भी अनिवार्य है।

9) यदि आप इस एक्सटेंशन नंबर पर कॉल कर रहे हैं, तो अपने लक्ष्य पर केन्द्रित रहना मुश्किल हो सकता है। आपको अपने कॉल करने वालों से कुछ शानदार विचार मिलेंगे, लेकिन वे नहीं हो सकते है जिनकी आपको तलाश थी। हालांकि यह एक बड़ी अच्छी संख्या है, यदि आप यात्रा और छुट्टियों की व्यवस्था कर रहे हैं। आप पा सकते हैं कि आप महत्वपूर्ण जानकारी दे रहे हैं, या आप ऐसी चीजें सुनते हैं जो वास्तव में आपके जीवन को बदल देती हैं। एक सहकर्मी के साथ एक सतही बातचीत इस नंबर पर किए जाने पर आसानी से एक गहरी दार्शनिक चर्चा बन सकती है।

मकान नंबर का महत्व

आपके घर की संख्या भी एक बहुत ही महत्वपूर्ण संख्या है, क्यो।कि इसका शाब्दिक अर्थ है आप जहा। रहते हैं।अपने घर के अंको को तब तक जोडें, जब तक कि आपने उन्हें एक अंक में नहीं पहुंचा देते। उदाहरण के लिए 28=2+8=1। हॉउस नंबर 8/103 में, 8 ब्लॉक की संख्या है, जो समुदाय के लिए सामान्य है, इसलिए हम केवल 103 = 1+0+3 = 4 लेंगे। यदि आपके घर में अक्षर भी हैं, तो नाम के अक्षरों को अंकों में बदल दें और उन्हें दिए गए नंबरों के साथ जोड़ दे जैसे AB-14= A + B + 1 + 4= 1 + 2 + 1 + 4 =8।

एक घर/कार्यस्थल के बाहर की संख्या अंदर की स्थितियों को दर्शा सकती है।

1) इस घर में रचनात्मकता और उद्यम के लिए एक उत्तेजक वातावरण है। यह घर में काम करने वाले गतिशील व्यक्ति, या ताकत और मौलिकता के साथ किसी को भी सूट कर सकता है। जो लोग, व्यक्तिवादी और आत्म-प्रेरित होते हैं, वे यहां पनपते हैं और

सफलता पाते हैं। यहां एक उत्साहित माहौल होता है और हमेशा कुछ दिलचस्प चल रहा होता है।

हर किसी को साझा करने और घुलने-मिलने की बहुत कोशिश करने से बचें। हमेशा याद रखें कि प्रत्येक व्यक्ति को इस घर में अपना स्थान चाहिए, क्योंकि यह स्वतंत्रता को प्रोत्साहित करता है।

2) यहा का वातावरण स्वागत योग्य और मिलनसार है और केतली हमेशा उबाल पर रहती है। यह घर विनम्र, आकर्षक लोगों को सूट करता है जो मनोरंजन का आनंद लेते हैं। सहयोग की कुंजी है, और किसी भी चीज को नजरअंदाज नहीं करने के लिए देखभाल की आवश्यकता है। एक मध्यम सजावट शांतिपूर्ण वातावरण के अनुरुप है। यह बैठकें करने के लिए एक शानदार जगह है, क्योंकि समझौते की अधिक संभावना है।

अव्यवस्था से बचें। यह लोगों को चिड़चिड़ा बना देगा और मूड को खराब कर देगा, क्योंकि इस घर का नाम और संख्या तभी अच्छी तरह से काम करती है, जब सब कुछ सामंजस्यपूर्ण और व्यवस्थित होता है।

3) यह एक हंसमुख घर है जो उत्सव को प्रोत्साहित करता है। यह कलात्मक और रचनात्मक लोगों के लिए अच्छा है, और हमेशा धूप से भरा लगता है। यह बडें परिवारों के लिए विशेष रुप से अनुकूल है, और आसानी से एक रोमांटिक माहौल बनाता है, जब तक कि हर कोई ईमानदार और वफादार है। यह घर आरामदायक और सुंदर है, और इसके निवासियों के असाधारण पक्ष को सामने लाता हैं। बहुत गंभीर या बहुत चुस्त होने की कोशिश करने से बचें। ऐसा करना इस घर के हल्के-फुल्के माहौल को बिगाड़ना होगा।

4) सामान्य ज्ञान इस घर का शब्द है। यह एक व्यावहारिक दृष्टिको का पक्षधर है, और सभी परिवार के सदस्यों को अपना योगदा देने के लिए कहता है। एक अच्छा घर रखने के लिए दिनचर्या क प्रोत्साहित किया जाना चाहिए और सुरक्षा को बढ़ावा दिया जान चाहिए। व्यवसाय का निर्माण करने के लिए यह एक अच्छा घ हो सकता है। पड़ोसियों और समुदाय से सम्मान यहां आसानी र प्राप्त होता है।

घर में रहते हुए भी दरवाजे और खिड़कियां खुली रखने से बचे क्योंकि यह घर तब सबसे अच्छा काम करता है जब यह बहु सुरक्षित और व्यवस्थित होता है। उसी कारण से, किसी भ रखरखाव और बागवानी के करते रहने की भी आवश्यकता है।

5) यह घर गतिविधियों का एक केन्द्र है, जहां दिनचर्या खिड़की स बाहर जाती है और फर्नीचर को लगातार पुर्नव्यवस्थित किया जात है। गति बहुत अधिक हो सकती है, बहुत लोगों का आना-जान लगा रह सकता है और किसी भी समय दिलचस्प चीजों क मेजबानी की जा सकती हैं। बच्चों के साथ यहां पालतू जानवर भ

फलते-फूलते हैं। यह एक आधुनिक घर है जो प्रगतिशील विचारों का स्वागत करता है।

बहुत शांत रहने की कोशिश करने से बचें, यह घर इसके लिए नहीं है, इसलिए, एकांत के लिए, टहलने जाएं। जब तक एक दादा-दादी बहुत जीवंत नहीं होते, तब तक उनके यहां रहना एक बुरा विचार है।

6) यह घर (संबंध) का माहौल बनाता है, जिसमें पारिवारिक संबंध और समुदाय की भावना महत्वपूर्ण है। परम्पराओं का सम्मान किया जाता है और बच्चों की परवरिश के लिए बहुत देखभाल की जाती है। सहयोग और एक दूसरे को बढ़ावा देना इसकी पहचान हैं। देखभाल और साझा करने को प्रोत्साहित किया जाता है, साथ ही पड़ोस के लिए जिम्मेदारी की भावना भी। घर के बाहर हमेशा स्वागत वाला मैट होता है। सजावट और गृहकार्य की उपेक्षा करने से बचें, और बच्चों से मिलने वाली विरासतों या चीजों से छुटकारा न लें, क्योंकि इस घर के लिए परिवार, सम्मान और निरंतरता की भावना परम आवश्यक है।

7) एकांत और अध्ययन इस घर के पक्षधर हैं, यह शांत, गहन वातावरण बनाता है जो ध्यान के लिए अच्छा है। जो कोई भी ज्ञान चाहता है वह यहां आश्रय पाता है, और शक्ति और स्वतंत्रता यहां इष्ट हैं। यह घर दुनिया के साथ मोहभंग करने वालों के लिए शांति का स्वर्ग हो सकता है, यहां रहने वाले लोग अपनी खुद की कंपनी पसंद करते हैं, और जीवन की सतह के जांच करने का मौका चाहते हैं। इस घर में नववर्ष की पार्टी करने की कोशिश करने से बचें, क्योंकि इसकी शांति उसके अनुकूल नहीं है। इसी कारण से भड़कीले रंग, भौंकने वाले कुत्तें और तेज संगीत यहां सही नहीं रहेगा।

8) यह घर जिम्मेदारी वाले लोगों के लिए एक अच्छा आधार है औ समुदाय में अपना स्थान को बनाए रखने के लिए भी है। इस घ में सब कुछ सबसे अच्छा होगा-यह घर इस धारणा को बना पसंद करता है। आमतौर पर यह एक बहुत अच्छी तरह से चल वाला घर है, और एक संपन्न व्यवसाय यहां बनाया जा सकता है खासकर अगर वह समुदाय-उन्मुख है। यह आश्वस्त, नियंत्रि लोगों का पक्षधर है जो जानते हैं कि वे क्या चाहते हैं। भारी फ्र के साथ पर्दे से बचें और कूडां-कचरा सामने के बगीचे में इक्ट्ठ नहीं होना चाहिए, बाहरी पेंटवर्क को खराब न होने दें, क्योंकि य घर सही आकार में आर्कषक होने पर ही सुरक्षा एवं शांति देता है

9) यहां व्यापक मन, करुणा और सहिष्णुता के लिए जगह है। अलग-अलग जातीय पृष्ठभूमि के साथ यह घर उच्च विचारधारा औ गहरी समझ के लिए कहता है। यह एक घर है जो मानसिक औ शारीरिक क्षमताओं का विस्तार करता है, कला और सभी प्रका की सुंदरता के प्रेमियों का स्वागत करता है, और आदर्शवाद औ अखंडता को प्रोत्साहित करता है।

अचानक आये मेहमानों की अनदेखी न करें क्योंकि यह घ मानवीय दृष्टिकोण और बहुत हलचल से ही खुशियां पैदा क सकता है। यहां कोई व्यवसाय न चलाएं, जब तक कि व कलात्मक या धर्मार्थ न हो - चूंकि इसका वातावरण उनके सफल होने के लिए सहायक नहीं है।

14

त्रिग्राम चिकित्सा

त्रिग्राम चिकित्सा फेंग शुई की सभी नौ मूलभूत संकल्पनाओं का एक अतिसूक्ष्म संयोजन है और इसे ठीक तरह से करने पर यह शुभ ची धाराओं के बड़े सामंजस्य पूर्ण प्रवाहों को खींच लाती है जिसका परिणाम सौभाग्यदायी होता है। एक निश्चित त्रिग्राम के प्रतीक को अपने कमरे, घर और कार्यालय की विशेष दिशा में रखने से आप उस महत्त्वाकांक्षा की पूर्ति में लाभ पा सकते हैं और आपकी जन्म तारीख से अनुपस्थित अंक के लिए भी यह एक सर्वश्रेष्ठ उपाय है।

फेंग शुई में त्रिग्राम चिकित्सा का व्यावहारिक उपयोग

जब आप अपनी जन्म तारीख से विलुप्त अंक, अपने घर, कार्यालय या कारखाने के विविध कोनों की विशेषताएँ, उनके द्वारा प्रतिनिधित्व किए गए परिवार के सदस्य, उस कोने को ऊर्जावान बनाने वाले रंग और इसके अतिरिक्त निर्दिष्ट महत्त्वाकांक्षा के भाग्य को समझ लेते हैं, तो आप उस विशिष्ट आकांक्षा की पूर्ति के भाग्य को प्रबल करने के लिए अपने घर, कार्यालय और कारखाने के प्रभावित क्षेत्र में इस पुस्तक में उपलब्ध उचित त्रिग्राम का प्रतिरूप लगाकर त्रिग्राम चिकित्सा का प्रयोग कर चमत्कारिक लाभ प्राप्त कर सकते हैं।

आठ त्रिग्राम और उनके अर्थ

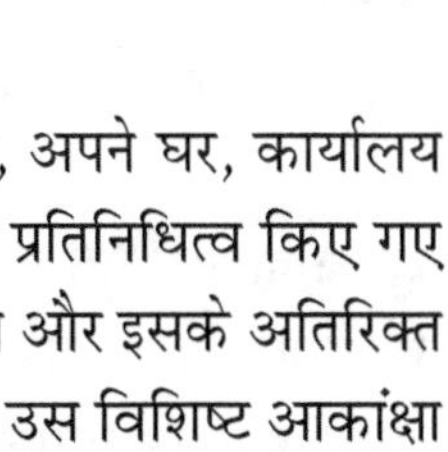

कान : मंझला पुत्र : उत्तर में स्थित है। कान खतरनाक त्रिग्राम है। इसका तत्व जल है और ऋतु गहन शीतकाल है। यह त्रिग्राम गुप्त सम्पत्ति का भी संकेत देता है। अपनी जन्म तारीख में नदारद अंक 1 के समाधान हेतु और व्यावसायिक उन्नति के लिए इस त्रिग्राम की प्रतिकृति का अपने शयन कक्ष, घर और कार्यालय के उत्तर क्षेत्र में प्रयोग कीजिए।

कुन : मातृ–सत्ता: स्त्री, मातृ वंश, माता का संकेत करता है। इसका तत्व बड़ी पृथ्वी है, ऊर्जा यिन है। दिशा दक्षिण–पश्चिम है। अपनी जन्म तारीख में अनुपस्थित अंक दो के समाधान हेतु और भागीदारों एवं परिवार के सदस्यों के बीच बेहतर संबंध और तालमेल के लिए इस त्रिग्राम की प्रतिकृति का अपने शयनकक्ष, कार्यालय और कारखाने के दक्षिण–पश्चिम क्षेत्र में प्रयोग करें।

चेन : ज्येष्ठ पुत्र: यह पूर्व में है। यह काष्ठ (लकड़ी) और बसंत ऋतु का प्रतिनिधित्व करता है। यह विकास का संकेत देता है। जन्मतिथि में अनुपस्थित अंक तीन के समाधान हेतु और अच्छे स्वास्थ्य, दीर्घायु तथा आत्मविश्वास के लिए इस त्रिग्राम की प्रतिकृति का प्रयोग अपने शयनकक्ष, घर, दुकान, कार्यालय और कारखाने की पूर्वी दीवार पर करें।

सुन : दक्षिण–पूर्व में **ज्येष्ठ पुत्री** का प्रतिनिधित्व करता है। इसका तत्व काष्ठ है, मन:स्थिति शांत है, और ऋतु बसंत है। इस त्रिग्राम की प्रतिकृति का प्रयोग अपनी जन्म तारीख से अनुपस्थित अंक 'चार' और सम्पति तथा समृद्धि के लिए करें।

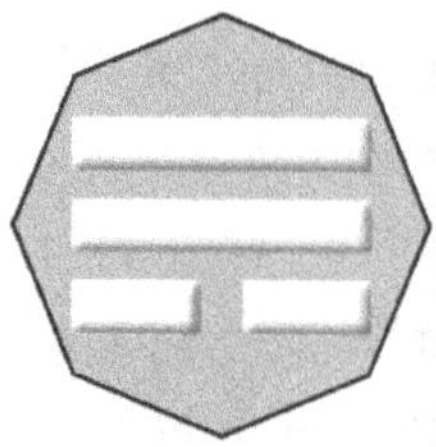

चीएन : पितृ–सत्ता : इसका अर्थ आकाश भी है। यह सृजनात्मक, यांग है। इसका तत्व धातु है और पुरुष, पिता का प्रतिनिधित्व करता है। दिशा उत्तर–पश्चिम है। इस त्रिग्राम की प्रतिकृति का प्रयोग अपनी जन्म तारीख से अनुपस्थित अंक छ: के समाधान हेतु और विदेश यात्राओं पर जाने, नए सुअवसर तथा सहायक व्यक्तियों को पाने के लिए अपने कमरे, घर, दुकान, कार्यालय और कारखाने के उत्तर–पश्चिम क्षेत्र में करें।

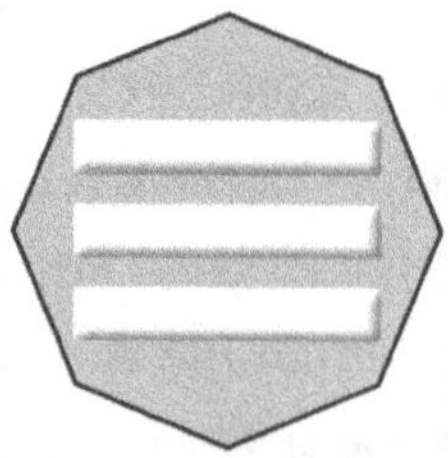

तुई : सबसे छोटी पुत्री : तुई पश्चिम में स्थित है, और यह धातु तत्व का प्रतिनिधित्व करता है। तुई का अर्थ है आनन्द। यह घर की सबसे छोटी पुत्री का प्रतिनिधित्व करता है। इसकी ऋतु शरद है। इस त्रिग्राम की प्रतिकृति का प्रयोग अपनी जन्म दिनांक से लुप्त अंक सात के समाधान हेतु और मानसिक विश्राम, आनन्द और सुख के लिए अपने कमरे, घर, दुकान, कार्यालय और कारखाने के पश्चिम क्षेत्र में करें।

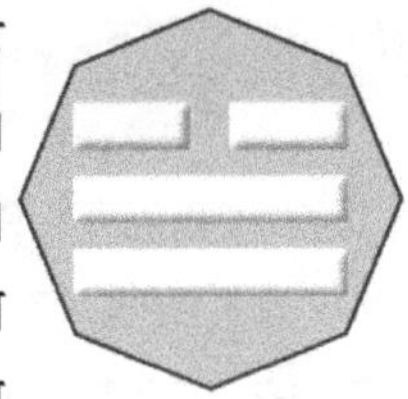

केन : सबसे छोटा पुत्र : यह उत्तर-पूर्व में स्थित है। इसका अर्थ पर्वत भी है और यह पृथ्वी तत्व से संबंध रखता है। इस त्रिग्राम की प्रतिकृति का प्रयोग अपनी जन्म तारीख से अनुपस्थित अंक आठ के समाधान हेतु और शिक्षा, ज्ञान तथा अच्छी स्मरण शक्ति के लिए अपने कमरे, घर, दुकान, कार्यालय और कारखाने के उत्तर-पूर्व भाग में करें।

ली : मँझली पुत्री : ली दक्षिण में स्थित है। ली का अर्थ है अग्नि, ऊपर की ओर जाने वाली ऊर्जा के साथ। इसकी ऋतु ग्रीष्म है। यह त्रिग्राम ख्याति और मानवता तथा तीव्र चमक का प्रतीक है। इस त्रिग्राम की प्रतिकृति का प्रयोग लुप्त अंक नौ और नाम-शोहरत तथा मान्यता के लिए अपने कमरे, घर, दुकान, कार्यालय और कारखाने के दक्षिण भाग में करें।

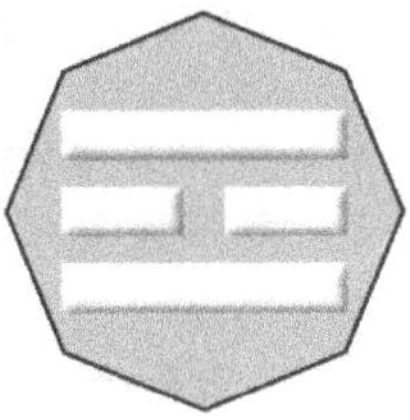

(a) पा कुआ पद्धति द्वारा विलुप्त क्षेत्र और उनके प्रभाव

लुप्त या गायब क्षेत्र का प्रभाव, कौन सा क्षेत्र विलुप्त है इस पर आधारित होता है। जब किसी घर या व्यावसायिक जगह में विलुप्त क्षेत्र होते हैं तो उनके परिवार व व्यापारिक भाग्य पर पड़ने वाले प्रभावों का निदान करने की दो उत्कृष्ट विधियाँ है। प्रथम विधि जिस प्रकार का भाग्य प्रभावित हो रहा है उससे सम्बंधित है जबकि दूसरी विधि परिवार के किस सदस्य का भाग्य प्रभावित होता है उसका वर्णन करती है।

पा कुआ पद्धति

पा कुआ पद्धति किसी भी घर के आठ क्षेत्रों में से प्रत्येक को एव प्रकार का भाग्य प्रदान करती है। प्रथम यह तय करना आवश्यक है कि विलुप क्षेत्र द्वारा कम्पास की किस दिशा का प्रतिनिधित्व किया जा रहा है। प्रथम अप घर की दिशाओं का निर्धारण करने के लिए किसी अच्छे कम्पास (दिशासूचक यंत्र) का उपयोग करें, फिर अपने घर के नक्शे पर नौ-खानों वाली ग्रिड क अध्यारोपित करें। आप तुरंत देख पाएँगे कि कौन सा क्षेत्र गायब है। इसके बा अपनी व्यापारिक या आवसीय जगह को नीचे दर्शाई गई नौ-खानों वाली ग्रि के अर्थों से मिलान करके देखें।

(b) विलुप्त क्षेत्र का भाग्य पर प्रभाव :

दक्षिण-पूर्व क्षेत्र संपत्ति भाग्य को प्रभावित करता है, अगर यह कोना विलुप्त हो तो परिवार की आय नकारात्मक रूप से बुरी तरह प्रभावित होती है।	**दक्षिण-पूर्व क्षेत्र** *सम्मान, मान्यता और ख्याति के भाग्य को प्रभावित करता है। अगर यह कोना गायब हो तो परिवार के अच्छे नाम पर धब्बा लग सकता है।*	**दक्षिण-पश्चिम क्षेत्र** *प्रेम, रोमांस और विवाह के संबंधित भाग्य को प्रभावित करता है। यदि यह कोना गायब हो तो प्यार खिड़की के रास्ते उड़ जाता है।*
पूर्व-क्षेत्र *पूर्व क्षेत्र का विलुप्त कोना पारिवारिक संबंधों और स्वास्थ्य पर प्रभाव करता है, जो गलतफहमियाँ और अस्वस्थता का कारण बनता है।*	**मध्य क्षेत्र** *यदि यहाँ कोई खाली प्रांगण है, तो उसे सुशोभित और उपयोग न करने पर पूरे परिवार के लिए अति दुर्भाग्य का निर्माण करेगा।*	**पश्चिम-क्षेत्र** *पश्चिम में विलुप्त कोना आने वाली पीढ़ी के भाग्य को बिगड़ता है। बच्चों का भाग्य बुरी तरह प्रभावित होगा।*
उत्तर-पूर्व क्षेत्र *परिवार के ज्ञान भाग्य को प्रभावित करता है। परीक्षा में बैठने वाले विद्यार्थी और नौकरी के लिए आवेदन देने वालों को भाग्य साथ न देगा।*	**उत्तर क्षेत्र** *आपके व्यावसायिक जीवन के अवसरों को प्रभावित करता है। इस क्षेत्र का विलुप्त कोना आपकी तरक्की के रास्ते में रुकावटें पैदा करता है।*	**उत्तर-पश्चिम क्षेत्र** *सशक्त सलाहकारों से आपको मिलने वाली मदद में अत्यधिक कमी लाता है। यहाँ विलुप्त कोना अति दुर्भाग्यपूर्ण है।*

c) विलुप्त क्षेत्र का शरीर पर प्रभाव।

त्रिग्राम पद्धति पर आधारित विलुप्त क्षेत्रों से जिस प्रकार का भाग्य प्रभावित होता है शायद उससे भी ज्यादा महत्त्वपूर्ण है उसका विलुप्त क्षेत्र का शरीर पर प्रभाव पड़ना।

इस जानकारी द्वारा एक अनुभवी सलाहकार कम से कम समय लगाकर घर के विशिष्ट हिस्से में सुधारकर संबंधित बीमारियों के निदान में सहायक सिद्ध हो सकता है।

दक्षिण–पूर्व क्षेत्र दक्षिण–पूर्व क्षेत्र में नकारात्मक ऊर्जा, श्रोणि, जांघ, कूल्हे, यकृत या पित्त की थैली से संबंधित बीमारी का कारण बन सकती है।	**दक्षिण–क्षेत्र** दक्षिण क्षेत्र में नकारात्मक ऊर्जा आँखों, दिल, अनिद्रा अथवा पाचन संबंधित बीमारी का कारण बन सकती है।	**दक्षिण–पश्चिम क्षेत्र** दक्षिण–पश्चिम क्षेत्र में नकारात्मक ऊर्जा पेट, तिल्ली, अग्नाशय या पेशीय जोड़ों से संबंधित रोगों का कारण बन सकती है।
पूर्व–क्षेत्र पूर्व क्षेत्र में नकारात्मक ऊर्जा पाँव, गला, उभरी पीठ, यकृत और पित्त की थैली से संबंधित बीमारियों का कारण बन सकती है।	**मध्य क्षेत्र** मध्य क्षेत्र में नकारात्मक ऊर्जा पेट, तिल्ली और अग्नाशय से संबंधित बीमारियों का कारण बन सकती है।	**पश्चिम–क्षेत्र** पश्चिम क्षेत्र में नकारात्मक ऊर्जा फेफड़ों, मुँह, त्वचा, बाल और छाती से सम्बंधित बीमारियों का कारण बन सकती है।
उत्तर–पूर्व क्षेत्र उत्तर–पूर्व क्षेत्र में नकारात्मक ऊर्जा कैन्सर, पेट, प्लीहा, अग्नाशय और हाथों से संबंधित रोगों का कारण बन सकती है।	**उत्तर क्षेत्र** उत्तर क्षेत्र में नकारात्मक ऊर्जा कान, जिगर, नपुंसकता, अण्डाशय, रक्त, थकान और घुटनों की चोट से संबंधित रोगों का कारण बन सकती है।	**उत्तर–पश्चिम क्षेत्र** उत्तर–पश्चिम क्षेत्र में नकारात्मक ऊर्जा सिर, मस्तिष्क अथवा फेफड़ों से संबंधित रोग का कारण बन सकती है।

(d) विलुप्त क्षेत्र और परिवार के सदस्यों पर उनका प्रभाव

त्रिग्राम पद्धति पर आधारित विलुप्त क्षेत्रों से जिस प्रकार का भाग प्रभावित होता है शायद उससे भी ज्यादा महत्त्वपूर्ण है उसका परिवार के हर एक सदस्य पर व्यक्तिगत रूप से पड़ने वाला प्रभाव।

इस जानकारी द्वारा एक अनुभवी सलाहकार कम से कम समय लगाक घर के विशिष्ट हिस्से में सुधार कर, परिवार की समस्यायें आसानी से सुलझा का प्रयास कर सकता है।

दक्षिण–पूर्व में सुन ज्येष्ठ पुत्री पर प्रभाव करता है।	दक्षिण में ली मँझली पुत्री पर प्रभाव करता है।	दक्षिण–पश्चिम में कुन मातृ–सत्ता या माता पर प्रभाव करता है।
पूर्व में चेन ज्येष्ठ पुत्र पर प्रभाव करता है।	मध्य भाग पूरे परिवार को प्रभावित करता	पश्चिम में तुई सबसे छोटी पुत्री पर प्रभाव करता है।
उत्तर–पूर्व में केन सबसे छोटे पुत्र को प्रभावित करता है।	उत्तर में कान मँझले पुत्र को प्रभावित करता है।	उत्तर–पश्चिम में चीएन पिता को प्रभावित करता है।

1) उत्तर – व्यवसाय, योजनाएँ, अभिव्यक्ति

कान

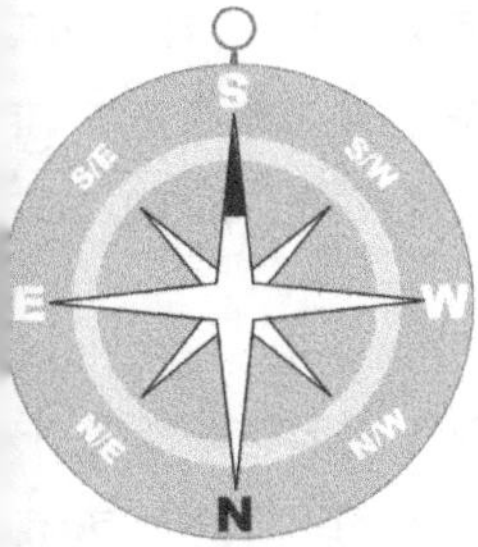

सभी आठ त्रिग्रामों में यह संभवत: सबसे खतरनाक त्रिग्राम है। यह एक अखंड यांग रेखा के दो खंडित यिन रेखाओं के साथ मिलने से बनता है। यह वो त्रिग्राम है जो बाह्य रूप से कमजोर और समर्पित दिखता है पर वास्तव में आंतरिक रूप से अत्यंत शक्तिशाली हो सकता है।

कान शीत ऋतु की ठंड का प्रतीक है और पानी का खतरा और मँझले पुत्र की चालाकी का भी यह प्रतीक है। यह माया या छलावे का प्रतिनिधित्व कर सकता है जैसे कि पानी में चंद्र का प्रतिबिम्ब या किसी व्यक्ति को अपनी शक्ति छिपाने और कमजोर दिखने की क्षमता की बदौलत मिली बड़ी सफलता। धूर्तता का तत्व ही इस त्रिग्राम का संक्षेप में सार है।

यह त्रिग्राम उलझनभरी परिस्थितियाँ और निरंतर खतरे की स्थिति का निदेशक है। कान प्राचीन चीन के उन दृष्य लेखों को सही अर्थों में संक्षिप्त में प्रस्तुत करता है जहाँ प्राय: दरबारी षडयंत्र ऐसे लोगों के लिए बड़े खतरे का कारण बनते थे जो तरक्की के लिए प्रतिस्पर्धा किया करते थे। एक गलत कदम और परिणाम होता था – मौत, इसलिए यह त्रिग्राम पेशे में भाग्य का प्रतिनिधित्व करता है।

पेशे में निर्बाध रूप से सफलता की सीढ़ियाँ चढ़ते जाने का आनंद लेने के लिए आपके घर और कमरे के अतिरिक्त कार्यालय के इस कोने को सक्रिय करना अति आवश्यक है। अपने उत्तर कोण के फेंग-शुई को संरक्षित करने से आप स्वयं को षडयंत्रों, धोखाधड़ी और छल-कपट से बचाएँगे। अच्छी फेंग-शुई यह सुनिश्चित करेगी की उद्देश्य के प्रति निष्ठा का फल मिले ताकि दो यिन रेखाओं के बीच फँसी यांग रेखा शक्तिशाली बनी रहे और पराजित न हो।

दिशा : उत्तर

यह पेशे का प्रतिनिधित्व करने वाला त्रिग्राम है। कान त्रिग्रामों की उत्त आकाशीय व्यवस्था (लेटर हैवन अरेंजमेंट) के अनुसार यह उत्तर दिशा में स्थित है। इस कारण किसी भी घर या कमरे का वह कोना है जो पेशे में संभावनाएं और पेशे में भाग्य का प्रतिनिधित्व करता है। अगर इस कोने में अच्छी फेंग-शुइ है तो उस घर में रहने वालों को अपने पेशे में असाधारण ऊँचाईयाँ तय करने का सौभाग्य प्राप्त होगा।

पेशे में भाग्य के प्रकार को समझने के लिए कमरे या घर के उत्तर क्षेत्र के परीक्षण और विशेष रूप से कान त्रिग्राम के अर्थ को समझना आवश्यक है

तत्व : जल

उत्तर का अधिपति तत्व है जल, जिसका प्रतीक है कोई भी तरल पदार्थ और पानी के स्रोत जैसे मछली घर, तालाब, सरोवर और फव्वारे।

- जल धातु से पैदा होता है, अतः धातु इसके लिए अच्छी मानी जाती है।
- जल स्वयं काष्ठ का निर्माण करता है, अतः लकड़ी इसे खत्म कर देगी।
- जल पृथ्वी द्वारा नष्ट होता है, अतः पृथ्वी इसके लिए हानिकारक मानी जाती है।
- जल अग्नि को नष्ट करता है, अतः यह अग्नि को पराजित करता है ऐसा माना जाता है।

इन विशेषताओं से हम यह जानते हैं कि उत्तर के तत्व को प्रबल बनाने के लिए हम उन सभी वस्तुओं का प्रयोग कर सकते हैं जो जल और धातु की प्रतीक हैं। इसके अतिरिक्त पृथ्वी तत्व से संबंधित किसी भी वस्तु को हमें प्रयत्नपूर्वक टालना चाहिए। इसका अर्थ यह है कि पानी तथा धातु का संकेत करने वाली किसी भी वस्तु, रंग, चित्र अथवा स्वयं कान त्रिग्राम के प्रतिरूप द्वारा उत्तर दिशा को सक्रिय किया जा सकता है।

:) दक्षिण–पश्चिम
रोमांस, सामंजस्य और पहल

ुन

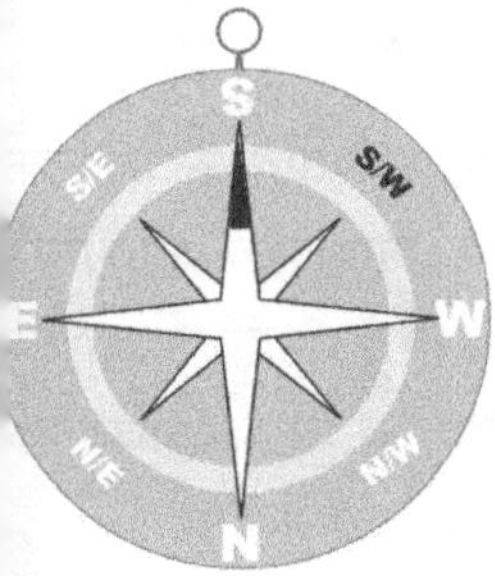

यह त्रिग्राम तीन खंडित यिन रेखाओं से बना है। कुन त्रिग्राम धरती माता का प्रतीक है। इस त्रिग्राम में अंतर्निहित विचार है आदर्श मातृ–सत्ता, वह सब जो ग्रहणशील है और परम यिन ऊर्जा। कुन उस व्यक्ति का प्रतीक है जो परिवार की सभी जिम्मेदारियाँ स्वीकार करता है, परिवार को एक साथ रखने का महत्त्वपूर्ण कार्य करता है। जन्म देना, बच्चों को पालना और कठिन परिश्रम के बावजूद प्रेम और दयालुता प्रदान करना इसका स्वभाव है। पृथ्वी की तरह मातृ–सत्ता प्रत्येक वस्तु को पैदा करती है और उसे पुनः ग्रहण करती है। पृथ्वी पर्वतों को सहारा देती है, समुद्रों को प्रेम से झुलाती है और सदा स्थायी रहती है। यह एक शक्तिशाली त्रिग्राम है।

इसके कुछ श्रेष्ठ प्रतीक है पर्वत, कुन त्रिग्राम की प्रतिकृति और इनका चित्र दक्षिण पश्चिम भाग में टाँगने से असाधारण रोमांटिक भाग्य प्राप्त होता है।

दिशा : दक्षिण–पश्चिम

कुन यिन और संबंधों का प्रतिनिधित्व करने वाला त्रिग्राम है। त्रिग्राम कुन की उत्तर आकाशीय व्यवस्था के अनुसार वह दक्षिण–पश्चिम में स्थित है। किसी भी घर, कमरे का यह वह कोना है जो रोमांस, प्रेम और विवाह का प्रतिनिधित्व करता है। यदि इस क्षेत्र में अच्छी फेंग–शुई है तो परिवार के सदस्यों की विवाह और प्रेम कीआकांक्षाएँ सकारात्मक रूप से ऊर्जावान हो जाएँगी।

यदि इस क्षेत्र में खराब फेंग-शुई है तो घर के लोगों को विवाह में दुर्भाग्य प्राप्त होगा और परिणाम होगा तलाक, अकेलापन, दु:ख और परिवार के पुत्र एवं पुत्रियों के लिए विवाह के अवसरों का पूर्ण अभाव। इस प्रकार रोमांस फेंग-शुई का आरम्भ कमरे या घर के इस क्षेत्र के परीक्षण से होना चाहिए।

तत्व : पृथ्वी

दक्षिण-पश्चिम कोने का तत्व है पृथ्वी, जिस का प्रतीक है स्फटिक, पत्थर, शिलाखंड और भूमि से सम्बन्धित हर एक वस्तु। सही तत्व को सक्रिय करने के लिए उसकी पहचान करना एक महत्त्वपूर्ण कार्य है। उदाहरणार्थ एक शिलाखंड उद्यान के दक्षिण-पश्चिम कोने में रखने से घर के सभी अविवाहित सदस्यों का श्रेष्ठ प्रेम और विवाह संभावनाओं का भाग्य सक्रिय होगा।

- पृथ्वी अग्नि से पैदा होती है, अत: अग्नि तत्व को पृथ्वी तत्व के साथ रखना अच्छा है।
- पृथ्वी स्वयं धातु पैदा करती है, अत: धातु इसे समाप्त कर देती है।
- पृथ्वी काष्ठ द्वारा नष्ट होती है, अत: लकड़ी इसके लिए हानिकारक मानी जाती है।
- पृथ्वी जल को नष्ट करती है, अत: पानी को पराजित करने वाली मानी जाती है।

इन विशेषताओं से हम यह समझ सकते हैं कि दक्षिण-पश्चिम के तत्व को प्रबल बनाने के लिए हम उन सभी वस्तुओं का प्रयोग कर सकते हैं जो पृथ्वी और अग्नि इन दोनों तत्वों के प्रतीक हैं, पर हमें काष्ठ तत्व से बचना चाहिए।

कुन त्रिग्राम के प्रतिरूप आपके घर, शयनकक्ष और कार्यालय के दक्षिण-पश्चिम में रखने से यह परिवार के सदस्यों, युगलों और जोड़ीदारों के बीच अच्छे तालमेल बढ़ाता है।

3) पूर्व – दीर्घायु, आत्मविश्वास और स्वास्थ्य

चेन

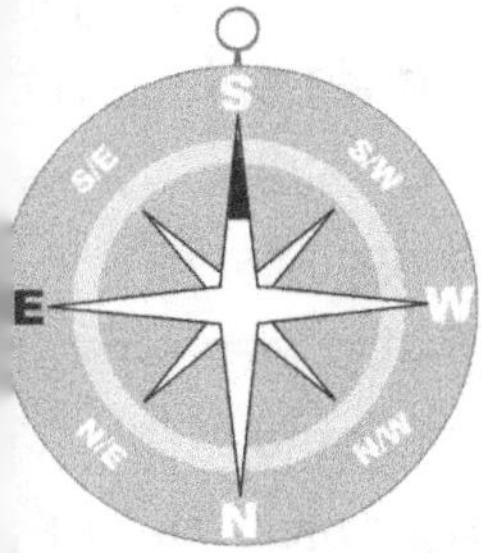

यह त्रिग्राम सबसे बड़े पुत्र का प्रतीक है। इसमें एक अखंड योग रेखा के ऊपर दो खंडित यिन रेखाएँ होती है।

चेन वसन्त ऋतु का भी सूचक है जो विकास की ऋतु है। पुरातन चीनी ग्रंथ, आई चिंग, की भाषा में चेन का अर्थ है उत्तेजना, जो वसंत ऋतु के आकाश में बिजली की तेज कड़कड़ाहट से परिलक्षित होती है। यह सूचक है प्राणियों को उनकी शीत निद्रा से जगाते हुए और जीवनदायी वर्षा के गिरने का । चेन एक आनन्ददायक त्रिग्राम है जो हँसी और प्रसन्नता को भी सूचित करता है। इसमें अपार शक्ति और ऊर्जा है। इसका अर्थ है विकास और उत्साह जो स्वयं जीवन का प्रतिनिधित्व देता है। उस कोने को, जिसमें यह रहता है, सक्रिय करने से यह स्वस्थ विकास ऊर्जा को आकर्षित करता है। इसकी दिशा है पूर्व और तत्व है बड़ा काष्ठ, जो झाड़ियों की अपेक्षा बड़े पेड़ों को सूचित करता है, हल्का हरा रंग नहीं बल्कि गहरा हरा रंग और काष्ठ की बड़ी वस्तुएँ (फर्नीचर) न कि छोटी वस्तुएँ (आभूषण)।

दिशा : पूर्व

चेन एक विकास का त्रिग्राम है जो अच्छे स्वास्थ्य का प्रतिनिधित्व करता है। उत्तर आकाशीय व्यवस्था (लेटर हैवन अरेन्जमेन्ट) में इसका स्थान पूर्व में है। यह किसी भी घर या कमरे का वह क्षेत्र है जो अच्छे स्वास्थ्य का प्रतिनिधित्व करता है।

अगर इस कोने में अच्छी फेंग–शुई है तो परिवार के सदस्य, विशेष रूप से प्रमुख व्यक्ति, उत्तम स्वास्थ्य का अनुभव करेगा और परिपक्व वृद्धावस्था तक जीवित रहेगा। अगर इस कोने में खराबर फेंग–शुई है तो परिवार पर रोग या बीमारियाँ अपना प्रभाव प्रचुरता से डालेगी।

तत्व : काष्ठ

पूर्व कोने का तत्व है काष्ठ, जिसका प्रतीक मुख्यत: पौधे हैं। संबंधि तत्व को सक्रिय करने के लिए उसकी पहचान करना प्रयोग का एक महत्त्वपू अंग है। यह सूचित करता है कि पूर्व दिशा में एक स्वस्थ पौधे को चैन के त्रिग्रा प्रतीक को एवं उर्जायुक्त हरे पिरामिड को रखने से यह घर में रहने वालों लोग के लिए उत्तम स्वास्थ्य के भाग्य को सक्रिय करेगा।

- काष्ठ पानी से पैदा होती है, इसके लिए अच्छा माना जाता है।
- काष्ठ स्वयं अग्नि को पैदा करता है, अत: अग्नि इसे खत्म कर देगी
- काष्ठ धातु से नष्ट होता है, अत: धातु इसके लिए घातक है।
- काष्ठ पृथ्वी को नष्ट करता है, अत: पृथ्वी इससे पराजित होती है।

इन विशेषताओं से हम यह समझ सकते हैं कि पूर्व के तत्व को सबल बनाने के लिए हम उन सभी वस्तुओं का प्रयोग कर सकते हैं जो काष्ठ औ जल दोनों का प्रतीक हैं, पर हमें ऐसी किसी भी वस्तु को प्रयत्नपूर्वक टालन चाहिए जो धातु तत्व से संबंध रखती हो और गहरे जाने पर हम यह देखते हैं कि पूर्व दिशा का प्रतीक बड़ा काष्ठ है। यह सूचित करता है कि इस कोने मे स्थित काष्ठ की अमूर्त शक्तियाँ सशक्त, प्रबल और आसानी से पराजित न होने वाली हैं। बड़ा काष्ठ अति सशक्त विकास का परिचायक है। पंचतत्वे में केवल काष्ठ ही ऐसा तत्व है जो जीवित है और अपने को पैदा करने मे सक्षम है। इसका स्पष्ट अर्थ यह है कि इसके क्षेत्र की ऊर्जा यांग है। हालांकि वह तत्काल प्रमाणित नहीं होती, फिर भी शक्तिशाली होती है। यह त्रिग्राम की रेखाओं द्वारा भावपूर्ण तरीके से सूचित किया गया है जिसमें अखंड यांग रेखा दो यिन रेखाओं के नीचे छिपी हुई है। इस तरह लकड़ी की निर्जीव वस्तुओं का प्रयोग चेन त्रिग्राम के साथ घर/कार्यालय के उस कोने को ऊर्जावान बनाने मे उतना ही प्रभावशाली हो सकता है जितना कि पौधों या पिरामिड का प्रयोग।

चेन त्रिग्राम का प्रतिरूप अपने घर, शयनकक्ष और कार्यालय के पूर्व भाग में लगाने से यह आप के आत्मविश्वास, स्वास्थ्य और जीवन-शक्ति को बढ़ाने में अति सहायक होगा। जन्मतिथि में तीन के अंक की अनुपस्थिति को उपचार हेतु भी चेन त्रिग्राम का पूर्व दिशा में प्रयोग अति लाभकारी होगा।

4) दक्षिण–पूर्व – सम्पत्ति और समृद्धि

सुन

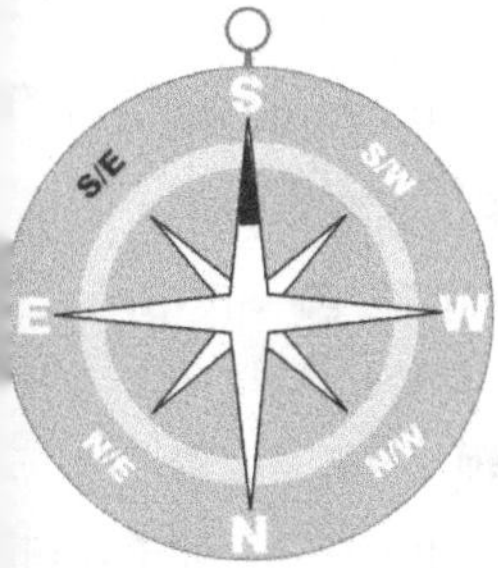

इस त्रिग्राम में एक खंडित यिन रेखा पर दो अखंड यांग रेखाएँ होती हैं जो समृद्धि लाने वाली वायु की द्योतक हैं। इस त्रिग्राम का कल्पित प्रतिरूप है वायु, जो धरती के हर कोने में बीजों को बिखेरती है। यह बीज धरती पर गिरते हैं, मिट्टी में धँसते हैं और प्रस्फुटित होना आरम्भ करते हैं। शीघ्र ही एक पौधा निकलता है। वह फलता–फूलता है और अधिक बीज पैदा करता है, जो फिर से हवा द्वारा छितराए जाते हैं और इस तरह समृद्धि का यह चक्र अनवरत चलता रहता है। इस तरह यह धन की सृष्टि का प्रतीक है। अगर आप इस त्रिग्राम को अपने घर में सक्रिय करते हैं तो यह विश्वास किया जाता है कि, आपके सभी आर्थिक कार्य सफल होंगे।

दिशा : दक्षिण–पूर्व

समृद्धि की आकांक्षा का प्रतिनिधित्व करने वाला त्रिग्राम है सुन और उत्तर आकाशीय व्यवस्था (लेटर हैवन अरेंजमेंट) के अनुसार यह दक्षिण–पूर्व में स्थित है। घर या कार्यालय का यह क्षेत्र संपत्ति का प्रतिनिधित्व करता है और अगर इस क्षेत्र में अच्छी फेंग–शुई हो तो उस घर की धन की महत्त्वाकांक्षाएँ प्रभावी रूप से ऊर्जावान हो जाती हैं। अगर इस क्षेत्र में खराब फेंग–शुई है तो उस घर पर आर्थिक दुर्भाग्य आ सकता है, जिसका परिणाम हानि और व्यापार में असफलता होगा। धन की फेंग–शुई को सक्रिय करने के लिए यह सुनिश्चित करना आवश्यक है कि, हर एक नकारात्मक ऊर्जा को आपके घर या कार्यालय के दक्षिण–पूर्व कोण से निकाला या मोड़ा जाए।

तत्व : काष्ठ

दक्षिण–पूर्व दिशा का तत्व है लकड़ी जिस का प्रतीकात्मक रूप है पौधे और लकड़ी से बनी हर एक वस्तु और फंग–श्वे की प्रैक्टिस में यह अति

महत्त्वपूर्ण हैं क्योंकि इस प्रक्रिया में संबंधित उपयुक्त तत्व को सक्रिय करने के लिए उसकी पहचान करना आवश्यक है। इसके अतिरिक्त यहाँ दिखाएँ गए चक्रों से आप काष्ठ तत्व की ओर अधिक विशेषताएँ देखेंगे।

- काष्ठ जल से पैदा होता है, अतः जल से इसे लाभ होगा।
- काष्ठ स्वतः आग पैदा करता है, अतः अग्नि इसे समाप्त कर देगी।
- काष्ठ धातु से नष्ट होता है, अतः धातु इसे हानि पहुँचाएगी।
- काष्ठ पृथ्वी को नष्ट करता है, अतः यह पृथ्वी पर छा जाएगा।

इन विशेषताओं के अभ्यास से हम यह सीखते हैं कि दक्षिण-पूर्व के तत्वों को सक्रिय करने के लिए हमें काष्ठ तत्व का प्रतीक मानी जाने वाली वस्तुओं का प्रयोग करना चाहिए, और उन वस्तुओं को टालना चाहिए जो धातु से सम्बद्ध हों। फिर भी, यह याद रखना आवश्यक है कि फंग-श्वे में संतुलन ही सबकुछ है। किसी एक तत्व की अधिकता दूसरों पर छा जाएँ यह भी अच्छा नहीं माना जाता। निपुणता से प्रयुक्त तत्व एक-दूसरे को प्रबल बनाएँगे।

अपने घर, शयनकक्ष और कार्यालय के दक्षिण-पूर्व क्षेत्र में सुन त्रिग्राम का चित्र लगाने से आपके संचित धन एवं भाग्य में वृद्धि होगी। यदि आपकी जन्म दिनांक में चार का अंक नहीं है तो यह उस ऊर्जा को भी संतुलित करेगा।

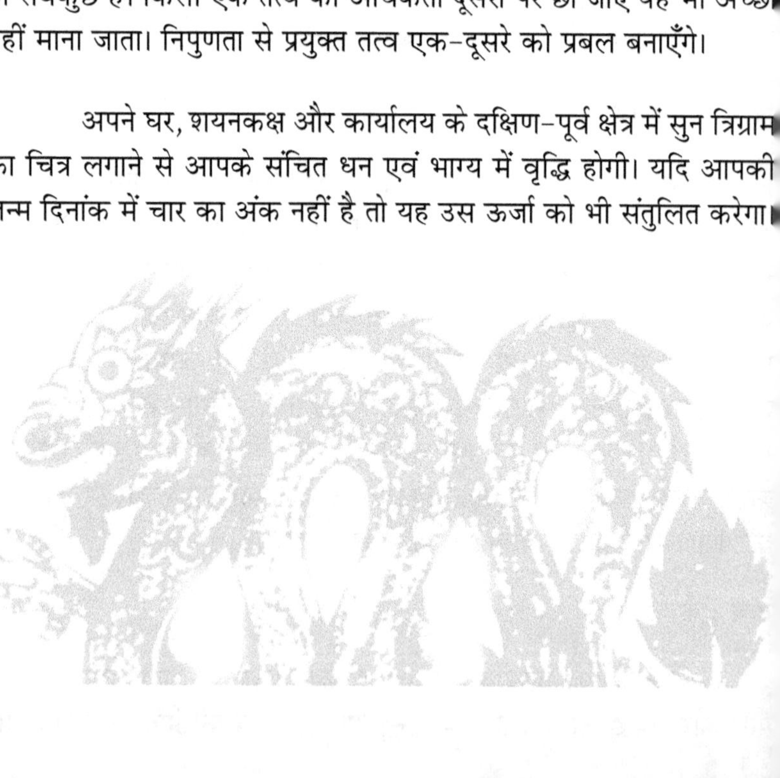

5) उत्तर-पश्चिम – सहायक लोग, विदेश यात्रा, और नए सुअवसर

चीएन

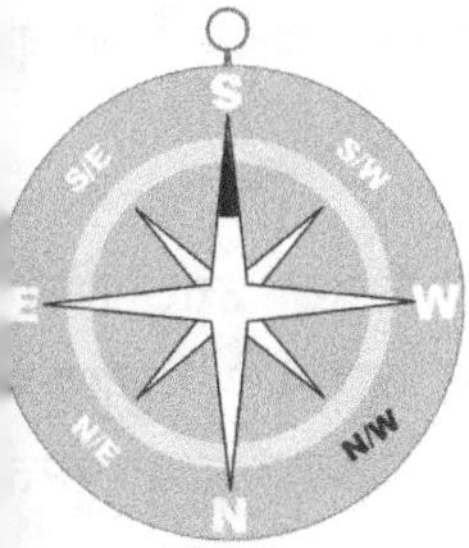

शक्ति का त्रिग्राम चीएन के अतिरिक्त और कोई नहीं हो सकता, वही जो स्वर्ग का प्रतीक है। यह चरम यांग ऊर्जा का संकेत देता है और आंतरिक तथा आध्यात्मिक शक्ति का परिचायक है। यह नेता, राजा, सेनापति और पितृ–सत्ता का प्रतिनिधित्व करता है, वह शक्ति संपन्न पुरुष जिसे सत्ता का दैवी अधिकार प्राप्त है। चीएन एक शक्तिशाली त्रिग्राम है। यह सृजनशील चेतना और कभी खत्म न होनेवाली हलचल तथा निरंतर सक्रियता की शक्ति का प्रतीक है। आई चिंग में इसका वर्णन बाकी सभी त्रिग्रामों के मूल की तरह किया गया है क्योंकि तीनों रेखाएँ अखण्ड, ठोस और यांग है। चीएन एक ऐसे व्यक्ति को साकार करता है जो बुद्धिमान और संवेदनशील है।

फंग–श्वे में इस त्रिग्राम को सक्रिय करने के अनेक लाभ है, जिनमें प्रमुख है आपका मार्गदर्शन करने के लिए कोई बुद्धिमान व्यक्ति और आप की हर प्रकार से सहायता के लिए किसी शक्तिशाली व्यक्ति के हमेशा आप का साथ देने को तत्पर रहना। ज्योतिषीय गणना के अनुसार यह आपके शुभ समय में किसी प्रभावशाली सलाहकार को भी आपके जीवन में ला सकता है जो आपको समर्थन देगा और आगे बढ़ाएगा।

पा कुआ में चीएन की स्थिति उसकी दिशा और स्थान उस महत्त्वपूर्ण तत्व का संकेत देते हैं जिसे सक्रिय करना है। ऐसा करने के लिए यह जानना महत्त्वपूर्ण है कि चीएन का कुन त्रिग्राम एक मूलभूत यिन त्रिग्राम से जब संयोग किया जाता है तो वह और भी शुभ हो जाता है। मूलभूत योग का मूलभूत यिन से जोड़ा बनाना अति समोहक रूप से शुभ है। कुन का तत्व है बड़ी पृथ्वी, जो चीएन का तत्व बड़ी धातु पैदा करती है।

दिशा : उत्तर–पश्चिम

पा कुआ के चारों ओर व्यवस्थित त्रिग्रामों की उत्तराकाश व्यवस्थ के आधार पर त्रिग्राम चीएन जहाँ स्थित है वह दिशा है उत्तर–पश्चिम। अत उस भाग्य को सक्रिय करने के लिए, जो आपके जीवन में प्रभावशाली मित्रो अनुभवी और विश्वसनीय सलाहकारों को लाता है, उत्तर–पश्चिम दिशा क ऊर्जावान बनाना आवश्यक है।

प्रथम आपको इस बात की खोज करनी है कि आपके घर में उत्तर–पश्चि कोना है या नहीं। जब घर L या U आकार के होते हैं तो कुछ कोण विलुप्त ह जाते हैं। यदि विलुप्त कोण उत्तर–पश्चिम का क्षेत्र है तो फेंग–शुई यह सूचित करत है कि अति महत्त्वपूर्ण चीएन भाग्य भी गायब है।

चीएन त्रिग्राम का प्रतिरूप आप के घर, कारखाने या कार्यालय व उत्तर–पश्चिम कोने में रखने से आपको नए सुअवसर, विदेश यात्राएँ और सहायव लोग मिलेंगे। यह जन्मतिथि में विलुप्त अंक 6 की ऊर्जा की भी परिपूर्ति करेगा

तत्व : बड़ी धातु

चीएन का तत्व अर्थात् उत्तर–पश्चिम का तत्व है बड़ी धातु। किसी भ वस्तु का जो धातु के प्रकारों में गिनी जाती हो, इस कोण को सक्रिय बनाने म उपयोग किया जा सकता है।

इसी के साथ क्योंकि पृथ्वी धातु को पैदा करती है, ऐसी कोई भी वस् जो पृथ्वी का संकेत करती हो, विशेषत: बड़ी पृथ्वी का (कुन त्रिग्राम), व भी यथोचित है। याद रखिए कि अग्नि धातु को नष्ट करती है और इसलिए इस चीएन के लिए हानिकारक समझा जाता है। अत: कोई भी वस्तु जो अग्नि क संकेत देती हो उसे यहाँ नहीं रखा जाना चाहिए।

) पश्चिम – बच्चे, आनन्द, शिक्षा

तुई

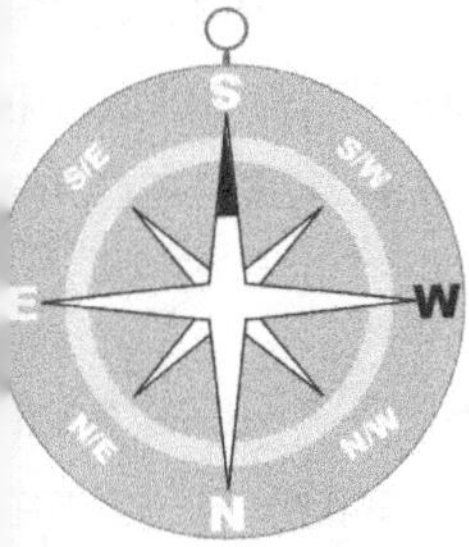

दो अखंड यांग रेखाओं पर बनी एक खंडित यिन रेखा का त्रिग्राम प्रसन्नता, हँसी और रंगरलियाँ मनाने के समय का संकेत देता है। तुई त्रिग्राम सफलता और परिवार का नाम चलते रहने का संकेत देता है। ऋतुओं में यह शरद का प्रतिनिधित्व करता है और इसका प्रतीक है सरोवर।

और किसी से भी अधिक तुई का अर्थ है स्वर्ण, लेकिन साधारण सोना नहीं। इसका उल्लेख यहाँ अलंकारिक है क्योंकि यहाँ इसका अर्थ होता है, ऐसी सदाचारी संतति जो परिवार को ख्याति, सम्मान और आनंद दिलाए। अच्छे बच्चों को स्वर्ण के समान मूल्यवान समझा जाता है। जब तुई त्रिग्राम को सक्रिय कर दिया जाता है तो परिवार में समन्वय स्थापित हो जाता है। भाई–बहनों में अच्छे सम्बंध होते हैं और बच्चे परिवार के बड़ों का सम्मान करते हैं। पतियों और पत्नियों में आपस में अच्छी बनती है और परिवार का वातावरण शांतिमय होता है।

इस त्रिग्राम का एक सकारात्मक पहलू यह सूचना भी देता है कि विवाह या संतानोत्पत्ति द्वारा परिवार में वृद्धि होगी।

दिशा : पश्चिम

बच्चों के भाग्य के लिए पश्चिम क्षेत्र को ऊर्जावान बनाना

आपके बच्चों के भाग्य को सक्रिय बनाने का कार्य पा कुआ को समझने से शुरू होता है। ऐसा विश्वास किया जाता है कि पूर्व आकाशीय व्यवस्था (अर्ली हैवन अरेन्जेन्ट) का पा कुआ स्वत: ही एक शक्तिशाली संरक्षक साधन है। इसे घर के बाहर मुख्य द्वार पर टाँग भर देने से नकारात्मक ऊर्जा का जोकि उस घर

में रहने वाले लोगों को भयभीत कर सकती है, प्रतिकार करने में प्रभावशाली माना जाता है।

फिर भी, पा कुआ अपने समस्त अर्थपूर्ण वलयों के साथ फेंग-शुई का एक संदर्भ साधन भी है। उसके हर छोर पर स्थापित हर त्रिग्राम का एक अर्थ है। त्रिग्राम तीन रेखाओं वाले प्रतीक हैं। रेखाएँ अखंड यांग या खंडित यिन रेखाएँ हो सकती हैं और 'आई चिंग, दी बुक ऑफ चेन्जेस' के अनुसार उनका आपसी संबंध ही त्रिग्राम को अर्थ प्रदान करते हैं।

अगली पीढ़ी का प्रतिनिधित्व करने वाला त्रिग्राम है तुई और उत्तर आकाशीय व्यवस्था के अनुसार यह पश्चिम में स्थित है। किसी भी घर या कमरे का यह वो कोना होता है जो बच्चों के भाग्य का प्रतिनिधित्व करता है। यदि इस कोने में अच्छी फेंग-शुई है तो बच्चे सौभाग्यशाली होंगे, पढ़ाई में अच्छा प्रदर्शन करेंगे, अच्छे नम्बर लाएँगे, सम्मान पाएँगे और अपने सभी कामों में उत्कृष्टता प्राप्त करेंगे। अगर उनकी जन्म कुंडली अच्छी है तो अच्छी फेंग-शुई उन्हें किसी भी कार्य में सर्वोच्च सफलता प्राप्त करने में सहायक होगी।

फिर भी, इस कोने में यदि निकृष्ट फेंग-शुई है तो दुर्भाग्य का वर्चस्व होगा और माता-पिता को अपने बच्चों की सहायता करने में कठिनाई होगी और स्वयं बच्चे हर तरह के दुर्भाग्य का शिकार होंगे, विद्यालय में अच्छा प्रदर्शन न कर पाने से लेकर निरंतर बीमार रहने तक। उनके श्रेष्ठ प्रयासों के बावजूद अपनी योग्यता के अनुसार सिद्धि प्राप्त करना उन्हें कठिन और कभी-कभी असंभव लगेगा।

बच्चों के सौभाग्य को सर्वोत्तम बनाने के लिए फेंग-शुई में कमरे या घर के इस क्षेत्र का और विशेष रूप से तुई त्रिग्राम के अर्थ का, सावधानीपूर्वक परीक्षण करना आवश्यक है।

अपने घर व अध्ययन कक्ष के पश्चिम में तुई का प्रतिरूप रखने से यह बच्चों के स्वास्थ्य, शिक्षा और सृजनशीलता में सहायक होगा। यह जन्मतिथि में विलुप्त अंक 7 की ऊर्जा को भी पूरा करता है।

तत्व : धातु

पश्चिम दिशा की अधिपति तत्व है धातु, जिसका प्रतीक है धातु से बनी वस्तुएँ, विशेषकर सोने से बनी वस्तुएँ। इनमें सम्मिलित हैं धातु से बनी विन्डचाइम (हवा के झोंके से बजने वाली लटकती घंटी), घरेलू उपकरण, टेलीविज़न और घड़ियाँ। संबंधित तत्व को सक्रिय करने के लिए उसकी पहचान फेंग-शुई के प्रयोग का एक महत्त्वपूर्ण भाग है। उदाहरण के लिए, बैठक कक्ष के पश्चिम में लगा 7 रॉड का विन्डचाइम परिवार के बच्चों के लिए उत्तम सुअवसरों को सक्रिय करेगा।

इन विशेषताओं से हम यह समझ सकते हैं कि पश्चिम के तत्व को सशक्त बनाने के लिए हम ऐसी किसी भी वस्तु का प्रयोग कर सकते हैं जो पृथ्वी और धातु तत्वों की प्रतीक है, पर हमें अग्नि से सम्बद्ध किसी भी वस्तु को टालना चाहिए। इसका अर्थ यह है कि पश्चिम दिशा को ऐसी किसी भी वस्तु से सक्रिय किया जा सकता है जो पृथ्वी या धातु का निर्देश करती हो। बिजली के उपकरण जो धातु के बने हों उन्हें कमरे के पश्चिम में रखने से वह सामंजस्यपूर्ण होगा। विन्डचाइम और घंटियों का प्रदर्शन उतना ही श्रेष्ठ है जितना कि टेलीविज़न और म्यूज़िक सिस्टम का। पृथ्वी तत्व से संबंध रखने वाली वस्तुएँ जैसे स्फटिक, मिट्टी के पात्र और पत्थर का प्रदर्शन भी शुभ होता है।

8)	**उत्तर-पूर्व – स्मरण-शक्ति, शिक्षा, सफलता और ज्ञान**

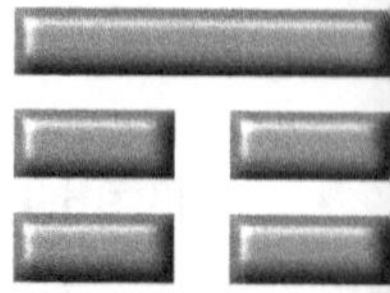

केन

ज्ञान और शिक्षा का प्रतीक त्रिग्राम है केन जिसका अक्षरश: अर्थ होता है शीतकाल का उत्तरार्ध या वसंत का पूर्वार्ध। यह तैयारी के एक ऐसे समय का सूचक है जिस पर भविष्य की सफलता निर्भर है। केन गम्भीर चिंतन, मनन और मस्तिष्क के विकास का भी सूचक है। इस त्रिग्राम का प्रतिनिधित्व करने वाले घर या कमरे के उस क्षेत्र की ऊर्जा जब सामंजस्यपूर्ण होती है तो उत्तम शिक्षा का भाग्य सक्रिय किया जा सकता है।

दिशा : उत्तर-पूर्व

पा कुआ के चारों ओर त्रिग्रामों की उत्तर आकाशीय व्यवस्था के आधार पर, केन त्रिग्राम का प्रतिनिधित्व करने वाली दिशा है उत्तर-पूर्व। इसलिए शिक्षा और अध्ययन के भाग्य को सक्रिय करने के लिए उत्तर-पूर्व के क्षेत्र को ऊर्जावान बनाना आवश्यक है। सबसे पहले देखने की चीज यह है कि घर में सही उत्तर-पूर्व कोण है या नहीं। जब घर L आकार या U आकार के होते हैं तो कुछ कोण गायब होते दिखते हैं, और यदि यह घर का उत्तर-पूर्व क्षेत्र है तो फेंग-शुई के अनुसार घर में शिक्षा भाग्य का सामान्यत: अभाव है। जबकि यह दुर्भाग्यपूर्ण है।

उस व्यक्ति के शयनकक्ष में जाइए जिसके शिक्षा भाग्य को सक्रिय करने की आवश्यकता है। सामान्यत: यह बच्चे या युवा व्यक्ति का शयनकक्ष होगा जो अभी विद्यार्थी है। पूरे परिवार द्वारा उपयोग किए जाने वाले अन्य कमरों के उत्तर पूर्व कोने को भी केन त्रिग्राम का प्रतिरुप लगाकर सक्रिय किया जा सकता है।

त्व : छोटी पृथ्वी

उत्तर–पूर्व का तत्व है पृथ्वी। यह केन त्रिग्राम से लिया गया है जिसका ार्थ है पर्वत। इस तरह उल्लेख किया गया तत्व है छोटी पृथ्वी और इस क्षेत्र को सक्रिय करने के लिए, ऐसी किसी भी वस्तु का प्रयोग किया जा सकता ै जो पृथ्वी का प्रतीक है। इसी समय, हमने तत्वों के चक्रों से देखा है कि अग्नि पृथ्वी को पैदा करती है और पृथ्वी धातु को पैदा करती है। इसका अर्थ ै कि धातु पृथ्वी को खत्म कर देती है। इस कारण धातु इस कोने के लिए अच्छा ऊर्जा स्रोत नहीं हो सकती। अत: उत्तर–पूर्व कोण में विन्डचाइम और ंटी सहित धातु से बनी कोई भी वस्तु रखना अनुपयुक्त होगा। अत: काष्ठ तत्व से संबंध रखनेवाली किसी भी वस्तु को यहाँ नहीं रखना चाहिए, क्योंकि लकड़ी पृथ्वी को नष्ट करती है। इसका अर्थ यह है कि उत्तर–पूर्व में रखे ौधे और फूल आपके अध्ययन भाग्य को खराब करेंगे।

अध्ययन कक्ष और कार्यालय के उत्तर–पूर्व में केन त्रिग्राम का प्रतिरूप रखने से अध्ययन भाग्य और ज्ञान की वृद्धि होगी और जन्मतिथि विलुप्त अंक आठ की ऊर्जा की पूर्ति होगी।

9 दक्षिण – ख्याति और मान्यता

ली

यह त्रिग्राम एक खंडित यिन रेखा क आवेष्टित करने वाली दो अखण्ड यांग रेखाअ से बना है। बाहर से यह मजबूत दिखाई देता है किंतु अंदर से यह कमज़ोर और समर्पण कर दे वाला है।

ली वह त्रिग्राम है जो आग की चमक औ सूर्य की चकाचौंध का प्रतीक है। इसका अर्थ है यश और आम बनता कं हर्षध्वनि। यह सक्रियता और ऊष्मा का भी संकेत देती है। इस त्रिग्राम का कल्पि रूप है वह महान् व्यक्ति जो उत्कर्ष की ऊँचाइयों को छूकर रोशनी को बना रखता है। उसके नाम और ख्याति से विश्व की चारों दिशाएँ प्रदीप्त हो उठती है और अपने अनुकरणीय व्यवहार और शानदार प्रतिभा और सिद्धियों की बदौल सभी को चकाचौंध कर देती हैं।

अपने शिखर पर ली विद्युत का भी प्रतिनिधित्व करता है जिससे हम उसके अर्थ की आंतरिक चमक की थाह ले सकें। ली का रंग लाल है – चमकदा और शुभ रंग जो उत्सवों और आनन्दमय अवसरों को सूचित करता है। ली ग्रीष्म ऋतु है और उसकी ऊर्जा यिन से अधिक यांग है।

दिशा : दक्षिण

ख्याति, मान्यता और प्रतिष्ठा का प्रतिनिधित्व करने वाला त्रिग्राम है ली, और उत्तर आकाशीय व्यवस्था के अनुसार यह दक्षिण में स्थित है। इस तरह किसी भी घर या कमरे का दक्षिण कोना मान्यता, प्रतिष्ठा और ख्याति क प्रतिनिधित्व करता है।

देशा : अग्नि

दक्षिण दिशा का अधिपति तत्व अग्नि है, जिसका प्रतीक है चमकदार रोशनी, सूर्य, लाल रंग और कोई भी ऐसी वस्तु जो अग्नि की सूचक हो। सक्रिय करने के लिए संबंधित तत्व की पहचान करना फंग-श्वे के प्रयोग का महत्त्वपूर्ण अंग है। यह सूचित करता है कि एक लाल रंग का पिरामिड और ली त्रिग्राम का प्रतिरूप दक्षिण भाग में रखने से यह प्रसिद्धि और दूर-दूर तक सम्मान प्राप्त करने के सुअवसरों को सक्रिय करेगा। यह विशिष्ट प्रकार का भाग्य खास कर राजनेता, मॉडल, गायक, अभिनेता और उन सभी व्यक्तियों के लिए, जो ऐसे व्यवसाय में हों जहाँ उनका सुपरिचित होना और आसानी से पहचाना जाना आवश्यक हो, विशेष रूप से महत्त्वपूर्ण है।

- अग्नि काष्ठ से पैदा होती है, अतः लकड़ी इस के लिए अच्छी मानी जाती है।
- अग्नि स्वयं पृथ्वी को पैदा करती है, अतः पृथ्वी इसे खत्म करने वाली मानी जाती है।
- अग्नि जल से नष्ट होती है, अतः पानी इसके लिए हानिकारक माना जाता है।
- अग्नि धातु को नष्ट करती है, अतः यह धातु को पराजित करने वाली मानी जाती है।

इन विशेषताओं से हम यह समझ सकते हैं कि दक्षिण के तत्व को सशक्त बनाने के लिए हम उन वस्तुओं का प्रयोग कर सकते हैं जो अग्नि तथा काष्ठ, इन दोनों तत्वों की प्रतीक हों, लेकिन हमें जल तत्व से संबंध रखने वाली किसी भी वस्तु के प्रयोग को प्रयत्नपूर्वक टालना चाहिए।

ली त्रिग्राम का चित्र/प्रतिरूप अपने घर/शयनकक्ष या कार्यालय के दक्षिण में रखने से वह नाम और ख्याति बढ़ाएगा तथा विलुप्त अंक 9 की ऊर्जा की पूर्ति करेगा।

Some of Best Selling Books By Pt. Gopal Sharma

1.	मोक्ष धाम	125/-
2.	मोक्ष वाटिका	125/-
3.	सुगम वास्तुशास्त्र	75/-
4.	हम होंगे कामयाब	95/-
5.	लक्ष्मी प्रवेश कैसे हो	75/-
6.	द्वादश भवनों की गाथा	200/-
7.	पिरामिड शक्ति एवं वास्तु	95/-
8.	रत्नों में निहित उपचार शक्ति	175/-
9.	वास्तु सुधार बिना तोड़–फोड़	75/-
10.	108 गोल्डन टिप्स (प्यार, आरोग्य व सफलता के लिए)	295/-
11.	Wonders of Numbers	75/-
12.	Art of Joyful Living	165/-
13.	Teach Yourself Vaastu	150/-
14.	Comprehensive Vaastu	95/-
15.	Healing Power of Gems	150/-
16.	Golden Sutra of Success	95/-
17.	Teach Yourself Astrology	125/-
18.	The Marvels of Palmistry	150/-
19.	Teach Yourself Graphology	150/-
20.	Teach Yourself Numerology	125/-
21.	Sri Sai Science of Vaastu (with Model Plans)	195/-
22.	108 Golden Tips for Love, Heath & Success	295/-
23.	The Magic Loshu Grid (Treasure of Numbers)	495/-
24.	Power of Vaastu & Feng Shui (with Model Plans)	295/-

108 गोल्डन टिप्स
(प्यार, आरोग्य, समृद्धि और सफलता के लिए)

क्या आप दोस्ती, प्यार और रोमांस, परिवार, धन, संतान, शिक्षा या व्यवसाय से संबंधित परेशानियों का सामना कर रहे हैं? क्या आप स्वास्थ्य या कानूनी समस्याओं से पीड़ित हैं?अब आप उन्हें गुड-बॉय कह सकते हैं।

इस पुस्तक में समाज, सहयोगियों और परिवार के सदस्यों के साथ बेहतर संबंध प्राप्त करने के लिए **108** चमत्कारिक सुझाव दिए गए हैं। पुस्तक की विशेषता है विश्वसनीय एवं परीक्षण किये गये वे प्राचीन उपाय, जिनसे आपकी शारीरिक और मानसिक क्षमता बढ़ती है और आपके आस-पास स्वास्थ्य, धन और खुशी सुनिश्चित होने का सुनहरी द्वार खुलता है। यह संस्करण अंग्रेजी व हिन्दी दोनों भाषाओं में उपलब्ध हैं।

रत्नों में निहित उपचार शक्ति

रत्न-उपचार की पद्धति वैदिक परंपरा और भारतीय ज्योतिषशास्त्र पर आधारित है। आकाश में विचरण करने वाली 12 राशियों में 9 ग्रहों के भ्रमण व ब्रह्माण्डीय स्पन्दन से उत्पन्न होने वाली ऊर्जा खगोल से प्राणीमात्र पर कभी अनुकूल एवं कभी प्रतिकूल प्रभाव डालती है। रत्न उन ग्रहों द्वारा प्रेषित प्रकाश एवं स्पंदन को संग्रहीत करते हैं। इसलिये अनुकूल रत्न का चयन पहनने वाले को अवश्य ही शुभ लाभ देता है। अनेक मूल्यवान व अल्पमोली रत्नों के विषय में वैदिक काल से प्रचलित इस प्रमाणिक गुह्यतम ज्ञान को विद्वान लेखकों ने बहुत सरल भाषा में प्रतिपादन करने का महती प्रयास किया है।

हम होंगे कामयाब

हर वर्ग के पाठकों के लिये प्रेरणादायक और उनमें नूतन उत्साह की सन्तुष्टि करने में सक्षम इस पुस्तक में उन गुणों को विशेष रूप से समझाया गया है जो सफलता को संभव बनाते हैं।
बारंबार पढ़ने और गुनने योग्य यह लोकोपयोगी कृति निश्चय ही आपको सफलता के लिए उत्साहित करेगी एवं नये-नये गुर सिखाएगी ताकि आप संपूर्ण जीवन सुख से जी सकें।
सकारात्मक सोच को बढ़ाने और निराशा-हताशा को त्याग, जीवन में आगे बढ़ने के लिए प्रेरित करने वाली यह एक पठनीय ही नही, संग्रहणीय कृति है।

www.ingramcontent.com/pod-product-compliance
Lightning Source LLC
LaVergne TN
LVHW082344171026
850499LV00040B/1323
* 9 7 8 9 3 9 0 2 8 7 4 9 9 *